죽음을 생각하는 시간

언젠가 마주할 마지막 순간을 위한 안내서

죽음을 생각하는 시간

초판 1쇄 인쇄 2019년 11월 22일
초판 1쇄 발행 2019년 11월 29일

지은이 로라 프리챗
옮긴이 신솔잎

책임편집 김력
표지 디자인 Aleph design
본문 디자인 박영정

펴낸이 최현준·김소영
펴낸곳 빌리버튼

출판등록 제 2016-000166호
주소 서울시 마포구 양화로 15안길 3 201호(윤현빌딩)
전화 02-338-9271 **팩스** 02-338-9272
메일 contents@billybutton.co.kr

ISBN 979-11-88545-71-1 03100

이 도서의 국립중앙도서관 출판예정도서목록(CIP)은 서지정보유통지원시스템 홈페이지(http://seoji.nl.go.kr)와
국가자료공동목록시스템(http://www.nl.go.kr/kolisnet)에서 이용하실 수 있습니다.(CIP제어번호:CIP 2019045314)

언젠가 마주할 마지막 순간을 위한 안내서

죽음을
생각하는
시간

로라 프리챗 지음 | 신솔잎 옮김

빌리버튼 billybutton

한낱 인간에 지나지 않는 모든 사람들에게,

태어나 반드시 죽어야 하는 운명을 타고나

'데비툼 나투라이*Debitum naturae*',

즉 '자연에 진 빚' 앞에 맞서야 하는 모든 이들에게.

그리고 죽음을 향한 여정을 '굉장히 거대한 모험'으로 만들어준

엘리아나*Eliana*, 제이크*Jake*, 케빈*Kavin*에게.

죽음을 상상하고
연습한다는 것

오래전에 땅 속에서 해골을 찾은 적이 있다. 부서진 두개골에 선홍빛 머리카락이 덮여 있었고, 썩어가던 털양말 안에는 작은 발가락뼈가 들어 있는, 진짜 사람의 해골이었다. 아마도 나의 '죽음 준비'가 본격적으로 시작된 날이었던 것 같다. 당시 열네 살이던 나는 콜로라도 북쪽에 있는 가족 소유의 목장 잔디밭에서 볕을 쬐면서 피부를 그을리며(이 때문에 나도 모르는 사이 죽음을 불러들인 것일지도 모른다) 아마도 책을 읽었거나, 아니면 남자 아이들을 생각하던 중이었을 거다. 그때 엄마가 다가와 내 양손에 두개골을 쥐어주었다. 바로 코앞에서 두개골의 뻥 뚫린 눈구멍이 내 눈을 응시하고 있었다.

그런 상황에서는 누구라도 그렇듯이 나도 순간 비명을 지르며 몸을 일으켰다. 엄마를 한 번 바라본 뒤 해골을 한 번 바라보고, 다시 엄마를 한 번, 해골을 한 번 보다 결국 해골 쪽으로 시선을 두었다. 엄마보다는 그 남자가 훨씬 흥미로워 보였으니까. 해골은 남자가 분명했다. 두개골의 크기나 턱 모양으로 알 수 있었다. 머리 뒤

편이 함몰되어 있었지만, 내 눈을 사로잡은 것은 그의 머리카락이었다. 선홍빛 긴 머리카락이 서로 엉겨붙어 두개골을 뒤덮은 모양이 마치 빨간 머리칼의 메두사처럼 보였다. 내 일광욕을 완전히 망쳐놓은 빨간 머리칼의 메두사.

목구멍이 조여들어오던 느낌이 생생하다. 두 눈을 꼭 감은 채 "엄마야!"라고 소리쳤던 것 같다("젠장할"이라고 외쳤던 것도 같고, 아니면 내가 써서는 안 되는 표현을 했던 것도 같다. 어쨌든 그 장면을 복기할 때마다 "젠장할!"이란 말이 항상 따라붙는다).

내가 소스라치게 놀라는 것을 보는 게 인생의 목표 가운데 하나인 엄마는 기쁘고 즐거워보였다. 그 남자는 1870년대 죽은 사람으로, 목장의 남쪽 경계에 자리한 오래된 개척자 공동묘지에서 꺼내왔다는 엄마의 설명이 이어졌다. 엄마의 속을 도무지 알 수 없었다. 어쩌면 엄마는 과거 채석 운반기차가 다녔던 땅을 파서 오래된 파란색 병들이나 낡은 못들, 철로의 스파이크만 찾는 것이 지겨워졌는지도 모른다. 어쩌면 본인이 기르던 야생동물들로는(공작새들, 당나귀들, 염소들, 고양이들, 닭들, 애완용 너구리 한 마리) 부족했는지도. 아니, 아홉 명의 자녀로는 엄마를 행복하게 해주기에 모자랐는지도 모르겠다. 엄마는 내게 배수로가 침수되었고, 시체를 치우지 않았다면 배수로를 따라 떠내려가고 말았을 거라고 말했다. 아마도 엄마의 말은 사실이었겠지만, 조르바^{Zorba}처럼 빛나던 엄마의 초록빛 두 눈 너머에 어떤 다른 의도가 숨어 있을 거라고 생각하는 것도 무리는 아니었다.

나는 두 손으로 그 남성의 두개골을 들어올렸다. 남아 있는 치아도, 유실된 치아도 많았다. 머리카락은 정말, 정말 많았다. 오른쪽 관자놀이에는 거즈 같은 작은 천 조각이 붙어 있었고, 앞이마를 따라 핏자국이 말라붙어 있었다. 두개골에서는 괴상한 냄새가 났다.

"130년 동안이나 땅 속에 있었어. 드디어 밖으로 나왔다고 기뻐할 것 같지 않니?"

엄마는 이런 비슷한 말을 했다.

엄마의 말에 동의하기 어려웠다. 내가 아는 거라곤 그는 더 이상 안식을 취하고 있지 않다는 것, 안식처를 벗어나 이젠 나와 함께 있다는 것뿐이었다.

당시 나는 이미 10대 소녀였고, 목장에서 자랐으며, 특이한 엄마를 두고 있었으므로 이 요상한 상황에도 태연하게 회의적인 반응을 보일 만큼의 내공이 쌓여 있었다. 그 나이만큼 자라기까지 엽기적인 일들을 이미 많이 겪어온 터였다. 피크닉 테이블에서 온갖 종류의 동물이 해체되는 것도, 애완용으로 기르던 닭들이 저녁 식사 거리로 둔갑해 상 위에 올라오는 것도, 냉동고 속 죽은 설치

류와 뱀, 카나리아에도 익숙했다. 우리집 강아지들이 잔디밭에 앉아 피가 뚝뚝 떨어지는 사슴의 다리를 뜯고 있는 모습도, 병아리, 이구아나, 잉꼬, 새끼 너구리들이 집 안을 활보하는 모습에도 익숙했다. 퓨마가 동물을 죽이고 사체를 집 근처에 묻어두는 것도 낯선 일이 아니었다. 공작새가 내 침실 창문 너머로 울음소리를 내는 것도, 기니피그의 찍찍 소리도, 아직 채 눈도 뜨지 못한 아기 고양이의 가냘픈 야옹 소리도 익숙했다. 갓 태어난 송아지들의 폐에 있는 오물을 직접 빨아 뱉어내던 부모님의 모습도, 죽은 송아지의 가죽을 벗겨 어미가 없는 송아지에게 입히던 모습도 모두 익숙한 광경이었다.

첫 번째 남편의 목숨을 앗아간 비행기의 잔해를 집에 보관해두던 엄마 덕분에 이 역시 익숙한 물건이었다. 나를 겁주던 여섯 남자 형제들과 그들을 향해 "너흰 죽었어!"라고 소리치던 내 모습도 익숙한 일상이었다. 혹은 그들이 내게 죽이겠다고 소리치던 목소리도 뭐, 어쩌면 마지막 말은 과장이 조금 더해졌을 수도 있다. 내 형제들은 비교적 착했으니까. 하지만 이 부분만 빼고는 모두 사실이었다.

다시 말해, 나는 혼란스럽고 이상하며 목가적이고 과학적인 가풍 아래서 자랐고, 생명에는 굉장히 친숙했으며, 죽음에도 조금씩 익숙해져 가고 있던 상태였다. 때문에 엄마가 내 손에 해골을 올려 두었을 때 나는 이런 비슷한 말을 했다. "오, 엄마. 이번에는 선을 좀 넘은 것 같은데요." 그러고는 눈썹을 치켜 올리며 엄마의 설명을 기다렸다.

엄마의 말에 따르면, 1862년에 묘지가 생긴 이후 1890년대에 침수로 인해 제방 둑이 무너졌고, 그로 인해 '토마스^{J. Thomas}'라고 새겨진 작은 사암 묘비가 둑 위로 쓰러진 것이 발단이었다. "그래서 땅을 파헤쳐 이 사람을 꺼낼 수밖에 없었어." 다시금 해골을 손에 든 엄마는 양발을 경쾌하게 동동 구르며 말했다. "나머지 부분도 보러 가자!"

나는 대체로 순종적인 아이였다. 수영복 위로 청바지와 티셔츠를 입고는 언덕을 걸어 올라갔다. 묘지에 도착한 후, 우리는 유카나무와 선인장, 죽은 자들이 한데 뒤섞여 있는 이끼 가득한 묘비 사이를 가로질렀다. 사산, 성홍열, 백일해, 장티푸스, 자살로 목숨을 잃은 이들이 잠들어 있었다. 이 지역의 초기 정착자였던 140명이 넘는 사람들이 이곳에 묻혀 있었다. 당시 시신을 매장하는 데 돈을 들이는 사람도 없었고, 고인의 기록을 남기거나 묘지를 관리한 사람도 없었다. 우리 엄마가 이 모든 것을 직접 하기 전까진 말이다. 엄마는 묘지를 관리하기 시작했고, 당신의 10대 자녀들에게도 그 일을 시켰다. 엄마는 수년에 걸쳐 이 공동묘지에 대해 조사하고 책을 썼다. 여기에 묻힌 사람들의 정체를 거의 모두 밝혀냈고, 그들이 어떻게 죽었고 그들의 조상은 누구였는지 조사했다.

"이것은 소름끼치는 사망 기사를 모아둔 것이 아니라, 평범한 인간들의 삶을 기리는 책이다."

엄마가 서문에 쓴 글이다. 엄마가 한 일은 지역 사회와 해당 가족에게도 굉장한 선물이 되었을 뿐 아니라, 엄마 덕분에 고인은 이제 이니셜이나 글자 몇 개로 띄엄띄엄 불리지 않았다. 형편없이 새겨져 형체도 알아볼 수 없던 이름들이 새로운 의미를 찾았다. 어떤 면에서는 묻혀 있던 이들이 죽음에서 부활했다고도 해석할 수 있을 것 같다. 그 중 한 사람만은 완벽히 부활해 돌아온 것이고.

과거 북아메리카 원주민의 묘지였던 공동묘지 언덕 꼭대기에서 내려다보이는 평원 대부분이 우리집 소유의 목장이었다. 소가 풀을 뜯는 초원과 왜가리가 앉아 있는 바위, 강을 따라 늘어선 미루나무, 울타리 모서리를 따라 V자로 서 있는 말들, 하얀색 낡은 농가 옆으로 내가 버려두고 온 수건이 보였다. 세상에서 가장 아름다운 장소 중 하나였다. 그때도 알고 있었지만 지금은 더욱 분명해졌다. 로키 산맥이 시작하는 고원 바로 아래 자리해, 멀리서는 푸른 물결이 보였고 붉은빛 절벽과 목장을 관통한 강은 여러 갈래로 뻗어 나가고 있었다. 눈부시게 아름답던 풍경을 바라보던 그때가 내 인생 최고의 순간이었다.

그리고 내 발 밑에는 지극히 당연하게도 죽음이 자리하고 있었다. 깊은 구덩이와 먼지를 걷어내고, 엄마가 그 남자 위에 대충 올려놓은 썩은 판자때기를 걷어내자 머리가 없는 해골이 나타났다.

나는 꼼짝할 수 없었다. 그리고 두려움에 휩싸였다. 그리고 호기심이 일었다. 그리고 속이 메슥거렸다. 이 모든 감정이 한꺼번에 밀려왔다. 나는 고개를 들어 와이오밍 주가 자리한 쪽을 바라본 후 다시 고개를 숙여 죽음을 내려다봤다. 다시 고개를 들었다 숙였다. 위를 한 번, 아래를 한 번 바라봤다. 와이오밍 그리고 죽음.

이 사내의 다리에는 가죽바지가 입혀져 있었다. 카우보이가 입던 종류도 아니었고, 내가 생각하는 일반적인 가죽바지와도 거리가 멀었다. 청바지처럼 몸에 꼭 붙는 바지였다. 부츠는 신고 있지 않았다. 당시에는 신발이 귀해 시체와 함께 묻지 않는 경우가 많았다. 그의 발가락뼈는 털양말 안에 온전히 보존되어 있었다. 머리가 휑한 그의 목이 본래의 자리를 잃고 외롭게 내 발에 걸쳐져 있었다. 짧은 가죽 재킷의 넓은 옷깃은 오래전 심장이 뛰었던 자리를 뒤덮고 있었다. 그의 가슴께에서 시선을 뗄 수가 없었다.

내가 이 이야기를 들려주는 이유가 있다. 그 남자의 시체 위에서 있던 순간이 지금까지도 선명하기 때문이다. 갑작스럽게 죽음에 대한 강렬한 공포가 밀려옴과 동시에 내가 무사히 죽음을 맞이했으면 좋겠다는 이상한 바람이 함께 찾아왔던 순간이다. 그 짧은 순간, 죽음은 내게 더 이상 미지의 무언가가 아니었다. 그 강렬했던 순간이 내가 한 뼘 성장한 계기이자, 필멸의 운명을 깨닫게 된 계기였다고 할 수 있겠다.

그때가 지금도 내 머릿속에서 슬로우모션으로 재생되고 있는 듯하다. 흥분되었고, 기이했으며 (이 남자가 나와 똑같은 초원을 누비고, 어쩌면 나처럼 미루나무를 좋아했을 거라는 생각에) 아름답다는 생각까지 들었다. 당시 나는 메스꺼움을 느꼈고, 옴짝달싹하지 못했으며, 기쁘기도 했고 두렵기도 했다. 이 모든 감정이 소용돌이쳤다.

그러곤 알 수 없는 일이 벌어졌다. 내가 죽음을 맞이하는 순간에 나 자신에게 하고 싶은 말을 중얼거리기 시작했다. 마치 죽음을 연습하는 사람처럼. 그때 나는 이렇게 말했다.

"두려워하지 마, 로라. 이 목장의 아름다운 풍경을 떠올려봐."

나중에서야 이것이 '죽음 만트라'였고, 이미 많은 사람들이 자신만의 만트라를 갖고 있다는 것을 알게 되었다. 하지만 그때는 만트라에 대해 전혀 몰랐다. 다만 지구에서의 마지막 순간이 특별하길 바랐고, 내게 위안이 되는 말이 필요했으며, 그 말을 계속 연습해야

겠다고 결심했을 뿐이다.

그렇게 나의 죽음 준비가 시작되었다. 그 날 이후로 몇 십년간 내가 배워온 모든 것을 이 책에 담았다.

사실 이 책은 내가 필요해서 쓴 책이다. 몇 년 전 30대 중반의 나이로 내가 '의학 대 축제'라고 이름 붙인 일련의 시간 동안 나는 죽음 가까이에 있었다. 무서웠다. 죽고 싶지 않았다. 육체적 통증이 심했고, 만약 내가 죽게 된다면 무엇을 하고 싶을지 그런 것들을 제대로 생각해볼 여력조차 없었다. 그뿐만 아니라, 항경련제, 항불안제, 항우울제 등 지금은 모두 기억할 수 없을 정도로 많은 진통제와 수많은 약물을 섭취한 탓에 정상이 아니었다. 이건 내가 아니야. 나 자신이 아닌 것 같아. 나의 진짜 모습으로 돌아간다면 맹세컨대 죽음에 대한 준비를 제대로 하겠어. 내내 이 생각만 반복했다.

당시 나는 사랑하는 아버지가 알츠하이머에 걸려 죽음을 향해 느린 걸음으로 힘들게 나아가는 모습을 지켜봐야 했고, '목적지'에 이르기까지 아버지의 여정은 14년이 걸렸다. 아버지 말고도 다른 죽음을 여럿 목격했고, 대부분 상당히 괴롭고 힘든 일이었다. 친척한 분이 숨을 거둘 때 손을 잡아주었던 경험은 온통 불안과 비통으로 가득했다. 중학교 때 친구 한 명은 병환 중 산소 호흡기를 떼어 냈고, 그 일로 친구의 가족은 와해되었다. 한 친구는 백혈병 치료를 위해 집을 팔아야 했지만 결국 병으로 목숨을 잃었다. 갑작스런 자살로 생을 마감한 친구의 소식은 나를 뒤흔들었다. 나는 그때까지 '좋은 죽음'을 단 한 번도 목격하지 못했고, 그래서 내 죽음이라도 좋은 죽음의 본보기로 삼고 싶었다.

이 모든 혼란 속에서도 삶은 마땅히 그렇듯, 나는 아이들을 양육하고, 작가로서 입지를 다지고, 공과금을 성실히 내고, 훌륭한 시민이자 인간으로서 책임을 다하고, 병든 아버지를 돌보는 엄마를 돕느라 바빴다. 아주 드물게 단 몇 분이나마 여유가 생길 때면 잘 살고 잘 죽고 싶다는 생각에 집착하게 되었다. 다시 말해, 시간이 날 때마다 나는 통증으로 무너져가는 '새로운 일상'을 우아하게 받아들이는 법을 배웠고, 죽음과 품위 있는 싸움을 하기 위해 죽음을 파헤쳤으며, 내게 곧 죽음이 닥친다 해도 역시 품위 있게 맞이하기 위해 방법을 찾아 헤맸다. 그러나 증상이 다양해지고 통증이 악화되자 내 죽음 역시 두렵고 추잡한 무언가가 될까 불안해졌다. 이 모든 노력에도 불구하고, 나는 죽음에 대한 준비가 전혀 되어 있지 않던 것이다.

그래서 나는 본격적으로 도움 받을 곳을 찾아 헤맸다. 그 과정에서 내가 속한 문화가 죽음을 혼란스럽게 만들고, 제대로 된 지침도 거의 마련하지 않았다는 것을 깨달았다. 여기서 말하는 지침이란, 내 삶을 마감하는 방법을 찾지 못했다는 것이 아니다. 인터넷만 켜도 자살하는 방법쯤은 쉽게 찾을 수 있으니까. 다만, 내가 죽음을 평온하게 받아들이는 방법을 찾지 못했다는 의미다. 우선 내 스스로 죽음을 평온하게 받아들여야만 할 일을(법적인 준비가 아닌 심적인 준비를) 제대로 마칠 수 있을 것 같았다. 죽음이란 것에 편안해져야 비로소 내가 목적의식을 갖고 죽음에 접근하고 있다고 말할 수 있을 것이다. 그렇게 되면 뒤에 남겨질 사람들을 위한 준비도 모두 완벽하게 할 수 있을 것 같았다.

그래서 관련 책을 많이 읽고, 사람들과 인터뷰를 하고, 컨퍼런스와 명상 및 종교 수련활동에 참가했다. 내가 글을 쓰고 있다는 소식을 들은 친구들은 글의 진행 상항을 궁금해 했다("죽음 책 다 끝냈어?"가 인사말이었다). 지인들이 내 글을 읽기 시작했고("음, 아버지가 암 진단을 받았어. 네 글을 좀 볼 수 있을까?"), 개선할 부분에 대한 피드백을 주었고, 글을 한데 묶어 많은 사람들이 읽어볼 수 있도록 해야 한다고 목소리를 높였다.

그렇게 이 책이 탄생했다. 내 기준에서 가장 적절하다 여기는 순서로 구성했지만, 제일 마지막 3부를 먼저 읽고 싶다는 생각이 드는 독자도 있을 수 있다. 각자 다를 것이다. 이리저리 뒤적이며 정해진 순서 없이 글을 읽어도 별 문제는 없다. 결국 당신이 준비해야 할 당신 자신의 죽음이니까.

책의 1부에는 죽음을 준비하는 과정에서 우리가 해야 할 일을 정리한 현실적인 체크리스트를 담았다. "어떻게 죽어야 할까", "타인의 죽음을 어떻게 도울 수 있을까", "마지막의 그 신성한 순간을 어떻게 맞이해야 할까" 등의 주제하에 굉장히 많은 리스트가 나열되어 있다(개인적으로 체크리스트를 정말 좋아한다). 독자가 현재 처한 상황에 따라 리스트의 중요도는 달라질 것이다. 글머리 기호가 찍혀 나열되어 있는 모양새만 봐도 굉장히 '하우투'스럽고, 따라서 매우 현실적인 내용을 담고 있다. 실제로 내게 필요한 것이 바로 이렇게 기본적인 내용을 요약하고 정리한 리스트였다. 아울러 당신이 이 책을 읽으면서 생각하고 답을 해야 할 질문과, 글을 쓰거나 그림을 그리면서 죽음에 대해 사색할 수 있는 공간도 마련했다.

2부에는 우리에게 남은 시간이 고작 일주일이든, 45년이든 앞으로 남은 삶을 잘 가꾸는 방법에 대한 내용을 담았다. 죽음을 주제로 사람들과 인터뷰를 하다 보면 사람들은 죽음이 아닌 삶에 대해 이야기하고 싶어 한다는 것을 깨닫게 된다. 엄밀히 말해 삶을 잘 사는 것이 곧 죽음을 잘 맞이하는 것이다.

3부는 우리 모두 진지하게 임해야 할 과제들을 담았다. 경험상 정말 도움이 되는 내용이 가득하므로 충분히 해볼 가치가 있을 것이다. 1부의 체크리스트들이 아이디어를 떠올리고 생각나는 대로 적어보는 브레인스토밍에 초점이 맞춰져 있다면, 3부는 학기말 리포트와도 같다. 이 책에 나와 있는 질문과 리스트를 모두 읽어보고 생각해보는 것만으로도 죽음에 대한 준비를 착실히 마친 것이나 다름없기 때문에, 공란을 모두 채웠다면 그것만으로도 A 학점은 충분히 받을 것이다. 무엇보다 우리에게 가장 소중한 재산은 시간이라는 것을 잘 아는 이상, 정말 중요하고 의미 있는 문제들만 선별해 이 책에 실었다.

체크리스트든, 가족 및 지인과의 대화든, 책 3부에 나온 과제든, 무엇이든 하나쯤은 당신에게 유익한 무언가를 제공할 수 있을 것이다. 당신도 나도 죽을 운명을 타고난 인간으로 언젠가는 죽음을 맞이하게 될 것인 바, 우리 모두가 이 낯설고 신성한 마지막 순간을 조금이라도 준비된 상태로 잘 맞이하면 좋겠다는 바람으로 내가 배우고 조사한 모든 것들을 공유한다.

- **1에서 10점까지 점수를 매긴다면 당신은 죽음에 얼마나 준비가 되었는가? (1점이 가장 준비가 안 된 상태이다.)**

· 자신의 죽음을 떠올릴 때 어떤 감정이 가장 먼저 떠오르는가?

· 자신의 죽음을 떠올리며 어떤 감정을 느끼고 싶은가?

· 죽음 준비를 시작한 지 얼마나 되었는가? 오래 되었는가, 혹은 최근
인가?

· 죽음을 어떻게 생각하는가? 무언가의 종말이라고 생각하는가? 혹
은 무언가의 시작이라고 보는가? 당신이 갖고 있는 기본 철학은 무
엇인가?

· 어떤 표정으로 죽음을 맞이하고 싶은가?

본론에 들어가기 전에 앞서 나온 이야기를 마무리짓자면, 우리
는 토마스를 다시 땅 속에 묻어주었지만, 머리는 함께 묻지 않았다.
그의 해골은 엄마의 결정에 따라 주방에 자리를 잡았다. 약 1년쯤
그곳에 머물렀다. 내가 밥을 먹을 때도, 숙제를 할 때도 움푹 패인
눈구멍이 나를 향해 있었다. 한번씩 집에서 키우는 너구리가 물어
뜯기도 했다. 한번씩 주방문에서 불어오는 바람으로 그의 머리카

락이 들썩거리기도 했다. 한번씩 그와 눈싸움을 하기도 했다. 내가 매번 졌지만.

그의 존재로 내 가슴 한편에는 항상 죽음이 머물러 있었다. 주방에 해골을 두고 바라보다 보면 죽음은 현실의 일부가 된다. 결국 나 역시도 언젠가 그와 비슷한 모습으로 변할 거라는 사실을 알고 있었다. 붉은색 머리는 아니겠지만, 해골만 남은 그 모양새는 흡사할 것이다. 좋든 싫든 간에 죽음을 받아들여야만 했다. 훗날 다른 집 주방 테이블에 내가 올려져 있을지도 모를 일이다. 어쨌든, 이 이야기는 엄마가 토마스의 해골을 결국 그의 몸과 함께 묻어주는 것으로 끝난다.

30년 후, 아버지의 뇌가 담긴 병이 주방 테이블 위에 한동안 올려져 있었고, 이후 아버지의 뇌 역시 묘지에 다시 정중하게 묻어드렸다. 이상하게도 죽은 사람의 신체를 모아 한곳에 묻어주는 일이 내 인생을 관통하는 주제가 된 것 같다. 우선은 이쯤으로만 말해두자. 지금으로서는, 누군지는 정확히 모르지만, 빨간 머리카락의 토마스라고 불리던 남자가 이제는 온전한 몸으로 잠들어 있다는 것만으로도 이 책을 읽는 사람들의 마음이 어느 정도 편안해졌을 거라고 믿는다. 그럼에도, 그가 관을 벗어나 잠시나마 다시 바깥을 경험했던 그 시간이 즐거웠길 바란다.

죽음을 연습하고 상상한다는 것

Contents

1부

죽음!
죽음의 기술 특강

항상 죽음을 준비하라.
그리하면 죽음도 삶도 더욱 달콤해질 것이다.
— 윌리엄 셰익스피어

1장

나의 죽음
준비 하기

죽음에 대한 나의 입장? 완전히 반대하는 쪽이다.

그러나 이 싸움에서는 결국 내가 질 거라는 것을 인정할 뿐 아니라, 사실 싸움이라고 할 것도 없다는 것을 잘 알고 있다. 나는 죽게 될 것이다.

무엇보다도 우선해야 할 것은 우리 모두가 죽음을 맞이할 운명이라는 것을 받아들이는 일이다. 하지만, 그래도 그게 어디 쉬운 일인가! "죽음과 삶은 하나다"라고 거듭 되뇌어도, 아무리 필연적이라 해도, 죽음을 쉬이 받아들일 수 있는 사람은 거의 없을 것이다.

그럼에도 죽음은 누구도 피할 수 없는 위대한 신비라는 사실에는 변함이 없다. 우리는 죽음에 대해 많은 것을 알지 못하고, 죽음이 어떻게 찾아올지조차 가늠할 수 없지만, 그래도 반드시 겪게 될 일임은 분명하다. 죽음은 우리가 살아서 마지막으로 하게 될 신체적 행위가 될 것이다. 죽음을 작게 나누어 접근한다면, 이 거대한 비밀에 조금이나마 다가갈 방법을 찾을 수 있을지 모른다.

내 마지막 순간은 우아하고 아름다우며, 평화롭고 완벽하게 차분한 상태로 의연하고 담대하길, '제자리에, 준비, 땅' 하는 순간 마지막 들숨을 깊게 들이쉬고, 그러고는 날숨은 의식할 수 없는, 그런 자연스러운 순간이길 바란다. 태어나 내 몸이 처음으로 느꼈던 것이 첫 들숨이었다. 이제 내 몸이 이 세상에서 가장 마지막으로 느끼게 될 것은 죽음의 순간 내쉬게 될 날숨일 터였다. 솔직히 말해 내가 어떤 사람인지 스스로 잘 아는 이상, 실제론 숨을 헐떡거리며 발버둥치다 단 한 번의 기회를 무참히 망치게 될까 두렵기도 하다.

생각할수록 죽음이란 우리가 대단히 관심을 기울이고 미리 준비해야 마땅한 것이라는 결론에 이르렀다. 그러나 우리는 오히려 정반대의 길로 가고 있는 듯하다. 우리는 죽음을 조금도 준비하고 있지 않다. 자신의 죽음이 어떻게 찾아오길 바라는지에 대해 진지하게 생각해보거나 고민해봤을 사람이 얼마나 될까? 설사 정말 생각해봤다 하더라도, 우리 가운데 자신이 원하는 방식대로 죽음을 맞이할 이가 얼마나 될까? 그리 많지 않을 것이다. 미국인 중 75퍼센트가 자신의 마지막을 집에서 맞이하고 싶다고 응답했으나, 실제로는 25퍼센트밖에 되지 않는다.

집에서 죽음을 맞이하지 못한다는 것은 둘째 치고, 우리가 바라는 것보다 지나치게 적극적인 치료를 받는 경우가 많다. 한 예로,

퓨리서치센터Pew Research Center의 조사에 따르면 70퍼센트에 이르는 미국인이 덜 적극적인 치료를 받고, 좀 더 자연스러운 죽음을 원한다고 밝혔지만, 42퍼센트가 생애 마지막 6개월 동안 상당히 공격적인 치료를 받는다는 것이 드러났다. 놀라운 것은, 퓨리서치센터가 생애 말기 치료를 주제로 행한 또 다른 조사에 의하면 75세 이상 연령층의 절반도 채 못 미치는 사람만이 자신의 마지막을 어떻게 맞이할지에 대해 진지하게 계획했다고 한다. 정리하자면, 75세 이상 연령층 가운데 조만간 자신에게 닥칠 문제에 대해 심각하게 생각해본 사람이 절반도 안 된다는 것이다? 정말 그렇다고?

나 역시 한 인간으로서 사람들이 죽음을 이토록 멀리하는 데는 여러 이유가 있다는 것을 이해하지만, 그럼에도 무척이나 절망적인 일이 아닐 수 없다. 미국인 가운데 자신이 원하는 죽음을 맞이하는 사람이 많지 않은 이유가 바로 죽음을 기록하고(법적 서류를 정리하고), 죽음을 정서적으로 받아들이고 혹은 실제로 죽음이 어떻게 전개될지 생각해보는 준비를 하지 않았기 때문이라니. 우리는 죽음을 완벽히 외면하거나, 고작해야 "상황이 많이 안 좋아지면, 날 들판에 세워놓고 총으로 쏴버려" 따위의 농담이나 하는 것이 다이다.

왜 우리는 죽음에 대한 준비를 하지 않는 걸까? 왜 우리는 법적 서류를 준비하거나, 우리의 바람을 적어놓거나, 남은 이들을 위해 작별 편지를 써두지 않는 걸까?

아마 이 책을 읽는 당신도 나름의 사정이 있을 테지만, 사람들이 자신의 죽음을 준비하길 꺼리는 원인은 크게 다섯 가지가 있다.

첫째, 죽음에서 살아 돌아와 우리에게 죽음에 대해 이야기해주거나, 제대로 된 설명을 해주거나, 무엇을 어떻게 해야 할지 가르쳐주는 사람이 아무도 없기 때문이다. 죽음에 관한 대화가 숫처녀들이 성관계를 논하는 것과 비슷한 방향으로 흘러가는 것도 이 때문이다. 주제는 있지만 자세한 세부사항과 정보는 부재하여, 결국 대화는 별다른 결론에 이르지 못한다.

둘째, 인간의 자아는 소멸에 대해 떠올리길 거부하기 때문이다. 에고에서 벗어나려고 아무리 노력해도, 내가 로라라는 인간의 영혼을 그리워한다는 사실에는 변함이 없다. 나는 로라 이 여자를 좋아하고, 이 여인이 살고 싶어 한다는 것도 알고 있다. 하지만 그녀의 죽음에 대해 생각해야 한다면? 글쎄……. 그건 나중에 하고 싶다.

셋째, 인간인 우리는 내일도 오늘과 비슷하게 흘러갈 것이라고 믿도록 설계되어 있다. 우리의 잘못은 아니다. 오히려 익숙한 질서가 무너질 수도 있다고 생각하는 쪽이 우리에게는 부자연스러운 일이다. 시간의 흐름이 계속되고, 현재의 안정된 상태가 지속될 거란 믿음이 조금이라도 흔들린다면 우리의 나약한 정신은 무너지고 말 것이다.

넷째, 우리는 죽음이 언제 혹은 어디서 찾아오게 될지 알 수 없다. 교회 주차장에서 차에 치일 수도 있고 혹은 당근을 먹다 질식하게 될 수도 있다. 질투에 눈이 먼 연인의 총에 목숨을 잃을 수도 있다. 백혈병 진단을 받고도 20년을 잘 살아남았는데, 어느 날 빙판길에 넘어져 운명을 달리 할 수도 있다. 죽음을 준비하기 위해 절에서 수행을 마치고 집에 돌아오는 길에 죽음을 맞이할 수도 있다. 실제로 누군가에게 벌어졌던 일이기도 하다. 이렇듯 무계획적이고 불가사의한 무언가를 어떻게 준비할 수 있을까?

다섯째, 죽음을 떠올리는 것이 죽음을 불러들이게 될 거라는 뿌리 깊은 미신 때문이다. 중요한 경기를 앞두고 잘못된 색깔의 양말을 신으면 지게 될까봐 걱정하는 스포츠팬처럼, 유서를 작성하는 것이 그 유서를 읽게 될 어떤 일을 촉발하게 될 거라고 믿는 것이다. 암을 걱정하면 암에 걸린다는 생각처럼 말이다. 논리적이지 않다는 것은 알지만, 그럼에도 불구하고 죽음을 떠올리는 것만으로도 사람들은 섬뜩한 기분을 느끼게 마련이다.

하지만, 언젠가는 벌어지게 될 일이다.

병의 진단, 누군가의 죽음, 그리고 모든 것이 명료해지는 그 순간이 찾아온다. 위에 나온 이유가 실상 아무런 의미도 없다는 것을 깨닫고, 그리고 죽음이 어쩌면 오늘 찾아올 수도 있다는 사실에 눈을 뜨게 된다. 어쩌면 10분 후일지도. (그렇다면 조금 더 속도를 내어 이 책을 읽길 바란다!) 어쩌면 내일일지도 모른다. 어쩌면 20년 혹은 50년 후가 될 수도 있다. 그 소식을 전해듣는 데는 고작 몇 초밖에 걸리지 않지만 수화기를 툭 내려놓거나 의사의 눈을 바라보는 그 순간 당신은 이미 완벽히 다른 세계에 앉아 있거나 서 있는 경험을 하게 된다. 두려운 세계이다. 시간이 지속될 거란 믿음이 무너지고, 삶이 온통 불확실한 상태로 변하며, 밟고 선 땅은 발이 푹푹 빠져 헤어나오기 힘든 모래로 바뀌게 된다. 그제야 우리는 죽음을 준비하는 데 집착하기 시작한다.

다른 사람은 몰라도, 적어도 나는 그랬다. 10대 시절, 해골을 발견한 그 순간 이후로 나는 죽음에 사로잡혔다. 죽음에 대한 내 생각은 한두 차례 공황발작을 일으키기까지 했을 만큼 노이로제에 가까운 집착일 때도 있었지만, 결국 새로운 깨우침을 얻고 한 단계 성장할 수 있는 계기가 되었다. 당시 내 전략은, 그토록 죽음에 두려움을 느낀다면 차라리 죽음을 두려워하지 않는 방법을 찾아야 한다는 것이었다. 다시 말해 내 두려움을 인정하는 것, 혹은 사람들이 말하는 것처럼 두려움과 친구가 되는 방법 말이다. 맥주를 한잔 함께하거나 공항까지 나를 데려다주는 친구 말이다.

이 전략이 먹히리라는 믿음이 있었다. 한번 성공해봤기 때문이다. 죽음 외에 내가 두려움을 느끼던 대상은 비행기였다. 하늘 위를 날고 있다는 것, 그리고 내겐 아무런 통제력도 없다는 점이 불안하기도 했지만, 앞서 언급했던 것과 같이 엄마의 첫 번째 남편이 목숨을 잃었던 세스나^{Cessna} 경비행기의 사고 잔해를 전시해놓은 집에서 자랐던 이유도 있었다. 누가 봐도 내가 비행을 두려워할 이유가 충분했다. 그러나 공포심으로 인해 번거롭고 불편한 일이 많아지자(북 콘서트를 위해 비행기를 타기 전 삼켜야 했던 알약 개수만 생각해봐도 말이다), 나는 리포터 자격으로 며칠 간 미국 서부를 횡단하는 경비행기에 자발적으로 몸을 싣고, 개리^{Gary}란 이름의 멋진 파일럿에게 부탁해 비행에 대한 약간의 지식을 배우기까지 했다. 내가 비행의 원리를 이해하고 정면으로 부딪힌다면, 내 안의 두려움이 힘을 잃을 것이라는 게 내 전략이었다. 비행기에서 내린 후 속을 게워내야 했지만(그때는 기류도 너무 불안정했고 바람도 최악이었다), 내 생각이 옳았음이 드러났다. 개리에게서 비행을 배운 이후로는 단 몇 번의 심호흡만으로 비행기에 오를 수 있게 되었으니까.

그래서 나는 죽음과 친구를 하기로 마음먹는 편이 낫다는 생각에 이르렀다. 하지만 물론, 삶이라는 방해물이 내 앞을 가로막았다. 학교를 다니고, 직장을 다니고, 글을 쓰고, 아이를 키우고, 닭들을 돌보고, 학생들을 가르치고, 하이킹을 하고, 지구를 탐험하는 등 여러 일에 휩쓸려 바쁜 삶을 살던 어느 날, 모든 것을 뒤바꿔놓은 계기가 찾아왔다. 길고 긴 이야기를 짧게 하자면, 내 목과 머리, 얼굴에 고압 전류에 감전당하는 것 같은 통증이 찾아왔다. 24시간, 일주일 내내. 진단명은 다발성경화증에서부터 경부 근긴장이상증까지 다양했고, 찬란했다. 뇌 MRI 검사, 뇌혈관 촬영, 주사와 피 검사, 내 몸을 찔러대는 주사바늘과 덮쳐오는 현기증이 반복되었고, 신경과 전문의의 검사가 늘어날 때마다 내 절망 역시 커져 갔다.

통증과 고통은 우리에게 많은 것을 깨우치게 해주는데, 그중 하나는 육체가 밀실 공포증을 일으키는 교도소의 좁디좁은 독방으로 변할 수 있다는 점이다. 자신의 답답한 몸에 갇히고 마는 것이다. 도무지 벗어날 수가 없다! 통증은 또한 우리가 무력하다는 현실을 자각하게 만든다. 통증은 우리가 어찌해볼 수 없는 거대한 상대다. 우리가 얼마나 많은 의사를 만났는지, 얼마나 많은 돈을 썼는지도 아랑곳하지 않는다. 통증은 우리에게 죽음 외에는 벗어날 방법이 없고, (정말 그렇다면!) 죽음을 준비해야 한다는 가르침을 준다. 나는 자살까지는 떠올리지 않았지만, 통증의 강도가 너무 심해 내 몸 어딘가 크게 잘못되었고, 결국 나는 오래 버텨내지 못할 거라는 생각에 사로잡혔다.

의사의 얼굴에 어린 혼란과 거울 속 내 얼굴에 떠오른 혼돈을 마주한 나는 단 한 가지 생각밖에 할 수 없었다. '오, 로라. 상황이 이렇게 되다니. 이제는 어떻게 해야 잘 죽을 수 있을지 생각해 볼 때인 것 같아.'

나는 무엇이든, 누구든, 죽음에 관해 도움이 될 만한 것이라면 무엇이라도 급히 찾아 헤맸다. 앞에서 말했듯이 나는 여태껏 "저런 죽음을 맞이하고 싶어"라고 바랄 만한 죽음을, 평온하고 준비된 자세로 죽음을 맞이하는 사람을 본 적이 없었지만, 그래도 누군가는 어디선가 분명 꽤 괜찮은 죽음을 경험하는 사람이 있을 거라고 생각했다. 그들은 알지만 나는 모르는 게 무엇일까? 병을 앓기 시작한 초기에는 내가 어떤 병인지 정확히 알 수 없었고, 고로 내가 곧 죽게 될 병인지, 그저 고통스러울 뿐 생명에는 지장이 없는 병인지

조차 알 수 없었다. 어쨌든 하루 빨리 죽음을 준비해야 할 것만 같았다.

당연하게도 책을 읽는 것으로 준비를 시작했다(나는 작가이기도 했고, 책과 열렬한 사랑에 빠졌기 때문에 작가가 되었으니까). 그러고는 다양한 세미나와 수련회를 찾아다니기 시작했다. 자연 속에서 행해지는 종교적 수련활동도 했고, 불교의 가르침에 기반한 수련회나 호스피스에 관한 세미나 등 여러 행사에 참여하기도 했다. 유독 기억에 남는 경험은, 죽음과 파트너 요가를 접목한 한 행사에서 내가 공중에 뜬 채로 여든 살의 한 할머니 발 위에서 엉덩이로 중심을 잡았던 것이다. 삶은 이렇듯 예상치 못한 방향으로 흘러가기도 한다. 그리고 난 후에는 죽음과 가까운 사람들을 인터뷰하기도 했다. 죽어가는 사람들, 호스피스 간병인들, 테라피스트, 유족 상담사, 임종을 눈앞에 둔 사람들을 위해 노래를 부르는 사람들……. 이런 경험을 바탕으로 기록을 해나갔고, 일종의 죽음 리스트를 만들었다. 그러고는 다시 이 모든 과정을 반복했다(새로운 책을 읽고, 새로운 수련회에 참가하고, 새로운 사람과 인터뷰를 하고, 새로운 조사를 하고, 새로운 리스트를 만들고). 다시 한 번 이 과정이 되풀이되었다.

글을 읽고, 인터뷰를 하고, 목록을 작성하고, 과제를 하고, 일기를 쓰고, 테라피를 경험하는 등 일련의 과정을 거치며 나름의 성과가 있었다. 두통 혹은 감전으로 갑자기 죽게 되더라도, 전보다는 죽음에 대한 대비가 되어 있는 것 같다는 생각이 들었다. 물론 죽을 준비가 되어 있는 것은 아니었고, 죽고 싶지도 않았지만, 그래도 떠나는 것에 대해 예전보다는 편안하게 생각할 수 있었다. 일기를 가장해 내가 사랑하는 사람들에게 남기는 당부의 글을 쓰기 시작했다. 내 장례식이 어떤 모습이길 바라는지, 아이들은 누구와 함께해야 하는지, 주변 사람들이 내 아이들의 보호자로 각자 어떤 역할을 해야 하는지 등을 적었다.

그뿐만 아니라, 항상 죽음을 떠올려야 한다는 가르침을 담은 명언을 수집했고, 죽음을 앞두고 내가 속으로 외울 만트라도 만들고 (이에 관해선 잠시 후에 자세히 설명할 예정이다), 사무실에는 여러 조언과 지혜의 말을 적어놓은 종잇조각을 가득 붙여 놓았다. 책이 온 사방에 쌓여갔고, 각종 메모가 책상 위에 잔뜩 어질러져 있었다. 또한, 친구나 가족이 입원한 것처럼 병원과 요양 시설에 자주 들르며 많은 시간을 보내기도 했다.

수년간의 검사와 혼란 끝에 내가 앓던 병은 3차 신경통으로 판명났다. 수많은 환자들이 극심한 통증을 견디다 못해 극단적인 선택을 하는 경우가 많아 '자살을 부르는 병'이라고도 불리는 질환이다. 내가 겪었던, 그리고 여전히 겪고 있는 증상은 누군가 내 왼쪽 눈을 포크로 후벼파는 것처럼 왼쪽 안구 뒤편과 광대뼈 쪽으로 갑작스런 압력과 찌르는 듯한 통증이 찾아옴과 동시에 지독한 치통이 찾아오는 것이었다. 그래도 나는 운이 좋은 편이었다. 대부분의 환자들이 무릎이 꺾일 정도의 극심한 통증에 시달리는 데 비하면 내가 겪고 있는 통증의 강도는 낮은 수준이었다. 내가 만났던 몇몇 환자들 가운데 뇌수술로 증상이 호전된 사람들도 있었지만, 모두 그런 것은 아니었다. 또한, 통증이 굉장히 자주 찾아오는 환자들에 비해, 내 경우에는 경미한 통증이 한동안 지속되다가 정말 견디기 힘들 정도라고 느끼는 통증은 한 달에 몇 번 정도였다. 그렇다 해도, 나 자신은 물론 철천지원수라도 겪지 않길 바랄 정도의 고통이다. 진단이 내려지고 한동안은 침묵의 늪에서, 통증과 절망의 심연에서 헤어 나오지 못했다.

그러고 난 후에는 스스로 그 어둠을 벗어났다. 통증을 관리하는 법을 배웠고, 가끔은 통증에서 자유로울 때도 있었다. 하지만 나의 신성한 마지막 숨결을 위한 준비는 여전히 계속되고 있다. 죽음을 준비하는 과정이 실로 아름다운 여정이었음을 깨달았기 때문이다.

매일같이 25만 명의 미국인이 죽음을 맞이한다. 지금껏 약 1,080억 명의 사람이 지구에 머물다 사라졌다.

그럼 잘 죽는 방법에 대한 책도 있지 않을까? 분명 많이 있을 거라고 생각했다. 실제로 매력적이고도 괴상하며 유용한 책을 몇 권 발견하기도 했다. 14세기에 출간된 죽음을 맞이하는 방법을 알려주는 책도 있었고(예상하다시피 책 제목은《아르스 모리엔디Ars Moriendi》,즉 '죽음의 기술'이다), 이후로도 죽음의 기술에 대한 책을 몇 권 더 찾아볼 수 있었다(티베트 승려들은 죽음에 무척 정통한 듯 보였다). 죽음에 근접한 경험을 했거나 천국에 다녀왔다고 주장하는 사람들의 책도 있었다. 특정 종교나 영적인 믿음을 바탕으로 한 책도 있지만, 대중적인 관점의 내 신념과는 거리가 있었기 때문에 내게 필요한 부분을 그리 충족시켜주지는 못했다. 테라피스트나 작가가 남겨진 가족의 슬픔에 대해 쓴 괜찮은 책들이 많았고, 이 역시 무척 중요한 주제이지만, 역시 내가 찾고 있는 책은 아니었다. 몇몇 훌륭한 회고록도 있었지만, 실제 이야기를 바탕으로 한 것은 맞으나, 진짜로 죽음을 경험했던 사람이 쓴 회고록은 하나도 없었다. 죽음을 다룬 고전 중 하나인《죽음의 부정The Denial of Death》에서 저자인 어니스트 베커Ernest Becker는 우리가 하는 거의 모든 일이 실상 죽음에 대한 공포에서 비롯된다고 전했다. 《죽음과 죽어감On Death and Dying》을 쓴 엘리자베스 퀴블러 로스Eliesabeth Kübler-Ross는 죽음을 "최후이자 최대의 금기"라도 표현했고, 수실라 블랙맨Sushila Blackman의 저서 《우아한 퇴장Graceful Exits》(국내 미출간 도서)은 저자가 죽기 몇 달 전 출간된 작품으로, 저자 자신이 곧 다가올 죽음을 받아들이는 모습을 담고 있다. 사체에 관해 유머 있게 풀어낸 책들도 있다. 메리 로치[Mary Roach]의 《인체재활용[Stiff]》과 어린 시절부터 죽음에 매료되었던 이십대 장의사가 쓴《두 눈이 연기에 가려질 때[Smoke Gets in Your Eyes (and other lessons from the crematory)]》(국내 미출간 도서)가 바로 이에 속한다. 마침내, 나는 죽음을 받아들이는 문화적 시대정신을 논하는 책들을 찾아내었고, 그 가운데 가장 좋아하는 작품은 케이티 버틀러[Katy Butler]가 부모님의 죽음을 주제로 쓴《죽음을 원할 자유[Knocking on Heaven's Door]》이다.

다양한 책을 접하며 한 가지 흥미로운 사실을 발견했다. 요즘에 나온 죽음 관련 도서들 가운데 절반이 의사가 아닌 비전문가들, 다시 말해 나 같은 일반인이 쓴 책으로, 이들은 의사의 손아귀에 달려 있던 죽음을 자신의 것으로 되찾고, 더욱 나은 방식으로 죽음을 맞이하는 방법을 적극적으로 찾아가는 사람들이었다. 죽음을 맞이하는 방법에 대한 실질적인 내용을 다룬 책들도 제법 많았고, 사람들의 정신을 번쩍 들게 할 만한 책들도 몇 권 찾아볼 수 있었다. 솔직히 말하면, 내가 좋아하는 책은 이런 쪽이다.

하지만 좋은 책을 여럿 읽은 후에도 나는 여전히 어떻게 죽음을 맞이해야 하는지 혼란스러웠다. 유익한 조언들을 한데 묶어놓은 책이 필요했다. 오직 나를 위한 맞춤형으로! 내가 '잘 떠나기' 위해서는 실질적으로 무엇을 어떻게 해야 하는지 여전히 알 수 없었다. 더불어 죽음이 지닌 특유의 그 우울한 감성에도 지쳐 있던 터였다. 솔직히 내게 필요한 것은 실용적인 책이었다. 하우투 가이드 같은 것.

비단 나뿐 아니라 죽음에 대해 명확하고 실용적인 안내서를 필요로 하는 사람이 많을 거라는 생각이 들었다. 무엇보다 우리가 죽음을 서투르게 행할 수밖에 없도록 모종의 압력을 받는 문화와 시대 속에 살고 있다는 것을 깨달았다. 이런 연유로, 어쩌면 자신뿐 아니라 주변인들에게 더욱 큰 고통만 남겨주게 될 생명 연장 치료를 선택하고, 원치 않은 장소와 방식으로 죽음을 맞이하며, 남은 이들에게 복잡한 문제만 떠넘기는 등의 아둔한 상황이 벌어지게 되는 것이다.

언급했듯, 이 책은 우선 나 자신을 위해 쓴 책이다. 이기적인 동기에서 출발했다. 죽음을 극도로 두려워하는 사람들이 있다는 것을 잘 알고 있다. 대중 앞에서의 발표, 비행, 애벌레, 구더기 등 그 어떤 공포와도 비할 수 없을 만큼 말이다. 따라서 나는 우리가 죽음을 당당히 맞서는 데 조금이나마 도움이 되길 바라는 마음을 담아 이 책을 출간했다.

우리는 결국 죽음을 맞이할 것이다. 우리 모두가 말이다. 그저 홀로, 그 마지막 숨결을 맞이할 것이다.

내가 죽는다고?
어떻게 죽어야 하는 거야?

앞으로 나오게 될 내용은 죽음의 기술에 대한 단기 특강이다. 간략하게나마 실용적인 조언을 전해주고, '좋은 죽음'이라는 거대한 주제를 우리가 소화할 수 있을 정도의 작은 단위로 나누어 차근차근 접근하는 것이 목표이다. 당신에게 생각할 거리를 만들어줄 몇 가지 아이디어와 직관적으로 떠오르는 생각을 적을 수 있는 공간을 마련했다. 너무 깊게 고민하지 말고, 그저 자신의 죽음을 떠올리는 것에 익숙해지는 것부터 시작하자는 의미이다.

죽는 게 두렵지 않다고 말하는 사람도 많지만, 나는 그 말을 믿지 않는다. 그냥 믿을 수가 없다. 우디 앨런Woody Allen이 "저는 죽음이 두렵지 않습니다. 그저 죽음이 찾아올 때 그곳에 제가 없기를 바랄 뿐입니다."라고 말한 것처럼, 사람들이 하는 말과는 달리 아주 극소수의 사람만이 죽음이 찾아올 때 그것을 맞이할 준비가 되어 있다고 생각한다. 우리는 죽고 싶지 않을 뿐 아니라, 죽음을 생각하는 것만으로도 미지의 세계에 대한 불안에 휩싸이고 무력감에 젖어든다. 죽음을 떠올리고 싶지도 않은 것이다.

그러나 우리는 죽음에 대한 생각을 피할 수 없다. 반드시 닥치게 될 일이기 때문이다. 그리고 그 일이 닥치기에 앞서, 치료 방법이나 처치에 대해 선택해야 할 상황에 놓일 것이다. 얼마나 유예할지, 언제 떠날지 결정해야 하고, 어떤 식이든 우리가 더 이상 존재하지 않게 될 상황에 대해 생각해봐야 하며, 현실적인 문제들도 고려해야 한다.

그러니 지금 처리해버리자! 현재로서는 완벽하게 건강한 상태이든, 얼마 전에 병을 진단받았든, 당신의 여정 중 어느 단계에 머물러 있든 지금 당장 죽음에 관해 생각해보길 강력하게 권하는 바이다. 상황이 심각해질 때, "진짜 필요해지면, 그때 생각해볼래."라는 생각으로 미루지 않길 바란다. 그때는 이미 최악의 상황일 확률이 높고, 그러면 아마도 제대로 된 생각을 하기 쉽지 않을 테니까. 병을 진단받거나 질병이 찾아온 후에는 대다수의 사람들이 그 소식을 소화하는 것만으로도 무척이나 버거워 한다. 상황에 압도당해 현실을 불신하고, 부정하기에 이르고, 그러다 보면 마음을 다잡고 생각하기가 힘들어진다. 따라서 질병이 찾아오기 전에 지금 당장 죽음 준비를 시작해야 하고, 죽음을 피할 수 없는 우리의 운명을 받아들이는 법을 찾아야 한다. 장담하건대, 다음에 나오게 될 질문에 답을 하고 난 뒤에는 마지막 순간을 어떻게 맞아야 할지 지금보다는 명확하게 그려볼 수 있을 것이다. 앞으로도 여러 질문이 나올 테지만, 이번 장에 나오는 질문이야말로 가장 기본적인 것이자 반드시 생각하고 넘어가야 할 문제로, 우리를 옳은 방향으로 안내해줄 나침반이 될 것이다.

죽음의 순간에 마음속으로 외울 만트라를 만들어라

죽음 만트라는 우리가 하고 싶은 마지막 말이나 보고 싶은 이미지를 떠올리는 것이다. 최후의 순간에 자신에게 위안이 될 문구나 영상 같은 것이다. 말 그대로 당신이 죽는 순간, 무엇을 마지막으로 생각하고 싶은가? 당신의 마음속에 마지막으로 떠오를 이미지가 무엇이면 좋겠는가?

죽음 만트라는 나이가 들면서 달라지겠지만, 지금 만트라를 하나 정해두면 이후 당신이 성장하고 변화함에 따라 확장시킬 수 있는 하나의 기준을 갖추게 되는 셈이다. 어쩌면 딸의 부드러운 미소를 만트라로 떠올리고 싶을지 모른다. 여름휴가 때 봤던 산이 될 수도 있다. "자비" 혹은 "평안" 등의 단어가 될 수도 있다. (무엇이든 "아, 젠장!"보다는 나아야 한다.)

다음 단계는, 그때가 왔을 때 자연스럽게 행할 수 있도록 주기적으로 자신이 정한 죽음 만트라를 되뇌고, 마지막 순간에 떠올리고 싶은 이미지를 머릿속에 그려보는 연습을 하는 것이다. 시간을 내어 연습을 해야 한다. 앞에서 이야기했다시피 비행을 싫어하는 나는, 비행기에 오를 때마다 내 죽음 만트라를 외운다. "사랑과 평화. 산과 파란색. 책과 강. 자비." 그러고는 두 아이들의 이름을 몇 번이나 반복해서 말한다. 가끔씩 다른 내용이 더해질 때도 있다. "뜨거운 여름날 심장이 고동치던 느낌을 떠올리자. 사과의 향을 떠올리자." 이런 식이다. 어느 정도 감이 잡혔을 것이다. 내가 사랑하는 사람들과 이미지를 전부 다 포함시켜야 한다는 부담은 갖지 않아도 된다. 그저 내가 가장 사랑하는 존재와 내게 가장 큰 기쁨을 준다고 여기는 것들을 나열한 짧고 단순한 리스트면 충분하다.

죽음 만트라의 장점은 마지막 순간에 이르렀을 때 자신에게 위안을 주는 무언가를 떠올릴 수 있는 장치가 되어준다는 것이다. 차가 당신을 향해 돌진해오고 있다면? 죽음 만트라를. 항암 치료 약물이 몸속으로 흘러들어오고 있을 땐? 죽음 만트라를. 마지막 숨이 자신의 몸을 떠나려고 할 때? 죽음 만트라를. 당신에게 마음의 평안이 가장 필요한 순간, 만트라가 그 평안을 가져다 줄 수 있다.

친구 한 명은 로드 킬 현장을 보게 될 때마다 죽음의 만트라를 외운다. 세상을 떠난 동물의 삶과 그녀 자신의 삶을 기리는 의미이다. 또 다른 친구는 만트라를 종이에 적어 옷장에 붙여두고, 매일 아침 양말을 꺼낼 때마다 자신의 삶에 감사하는 순간을 갖는다.

불교신자인 친구 한 명은 불교에서 죽음이 임박했을 때 일반적으로 "옴마니 반메훔"이라는 진언을 외운다고 했다. 영어로 해석하기가 쉽지 않지만(연꽃에 핀 보석이란 뜻의 단어가 있다), 실상 어떤 뜻인지는 중요하지 않다. 죽음을 맞이하는 순간 "평안과 연민"이 깃들기를 기원하는 마음이 담겨 있는 진언으로, 죽음이 닥친 순간 우리의 불순한 생각과 육신을 고결하게 만들어준다는 데 의미가 있다. 자신의 중심을 되찾아주는 짧고 쉬운 만트라를 만들기 바란다. 자신 안의 가장 생명력 넘치고, 가장 자랑스러운 모습을 찾아주고, 자비와 위안을 떠올리게 해주는 그런 만트라를.

• 당신만의 죽음 만트라를 적어보라.

어떻게 떠나고 싶은지 선택하라.

당신에게 좋은 죽음이란 무엇인지 생각해보라.

가장 기본적인 사항임에도 '좋은 죽음'이 무엇인지에 관해 제대로 생각해본 사람들이 거의 없다. 이제부터 하면 되니 너무 걱정하지 않아도 된다.

좋은 죽음이란 어떤 모습인가? 많은 사람들이 평온한 분위기를 떠올릴 것이다. 금방 지나가면 좋겠지만, 그렇다고 너무 빨라선 안 된다. 사랑하는 사람들이 모두 함께 있지만 평화롭고 조용한 분위기이길 바란다. 각자의 신념에 따라 좋은 죽음에 대한 의미가 다를 것이나, 아마도 아래에 나온 사항들은 공통적으로 바라는 내용일 것이다.

- 자신의 바람과 선택이 존중받아야 한다.
- 사랑하는 사람(들)과 함께 있어야 한다. 이들에게 하고 싶은 말을 솔직하게 전달하고, 사랑이 넘치고 평온하며 편안한 분위기가 형성되어야 한다.
- 종교가 있다면 자신의 종교적 신념에 따라 원하는 것을 말할 수 있어야 한다. 종교가 없다면 그 또한 존중받아 마땅하다.

- 통증완화 역시 치료의 일부가 되어야 한다. 가능한 한 자신이 가장 편안한 상태를 유지해야 한다.
- 자신이 원하는 장소에 있어야 한다. 집에 머무르길 원하는가? 혹은 장소는 그리 중요하지 않은가?
- 현 상황에 대해 충분한 정보를 전달받아야 한다. 자신에게 가능한 치료 방안에 대해 솔직하게 전해 듣고, 각 치료에 따른 이점과 문제점에 대해서도 알아야 한다.

이런 리스트는 사실 기본적인 사항이지만, 이런 권리마저도 보장받지 못할 때가 많다. (또한 의지와 다른 상황이 펼쳐지는 것을 막을 수 없을 때도 있다.) 죽음을 앞둔 사람들이 느끼는 불안 요인을 공식적인 수치로 나타내긴 어렵지만(죽음이 임박한 환자들을 대상으로 이들이 어떤 환경에서 비교적 편안함을 느끼는지 여론조사를 하는 것은 불가능에 가깝다), 물리적 환경에 대해선 조사가 가능했다. 이 조사를 통해 약 20퍼센트가 중환자실에서 죽는다는 가슴 아픈 통계를 접했다. 다시 말해, 다섯 명중 한 명은 공포스럽고, 시끄러우며, 집과는 상당히 동떨어진 환경에서 죽음을 맞이한다는 의미다. 의학의 발전에도 불구하고, 어쩌면 그 의학 때문에 죽음은 필요 이상으로 고통스럽기까지 한 것으로 드러났다. 실제로 호스피스에 머무는 환자 가운데 약 20퍼센트가 여전히 고통스럽고 불편한 죽음을 맞이한다. '약물 남용'이라고 불리는 문제와도 일부 관련이 있다. 예컨대, 생존 확률이 높지 않은 상황에서도 항암 화학요법을 선택하는 경우가 이에 속한다.

하지만, 우리가 죽음에 대해 준비하지 않았거나 우리가 바라는 죽음이 무엇인지 아무에게도 말하지 않았기 때문에 '좋지 않은 죽음'을 겪는 경우도 있다. 어떻게, 언제, 왜 죽게 될지 전혀 모르는 상황에서 죽음을 준비하는 것은 분명 쉽지 않은 일이다. 그러나 내가 바라는 가장 이상적인 상황이 무엇인지 정도는 생각해두어야 대략적인 방향을 잡을 수 있다. 바로 아래 나올 질문은 기본적인 틀을 마련하는 데 필요한 사항이다. 결국 우리는 자신에게 주어진 환경과 속한 문화, 앓고 있는 질병과 가능한 자원, 인간관계 등에 따라 각자의 방식으로 죽음에 접근해야 한다.

가장 기본적인 사항만을 고려했을 때 당신에게 좋은 죽음이란 무엇인가? 곰곰이 생각해보자.

· **선택권이 있다면, 몇 살 때 죽길 바라는가?**

· **당신 곁에서 죽음을 함께할 사람은 누구인가?**

• 어디서 죽음을 맞이하고 싶은가?

죽음에는 보통 의학과 의사가 관여하는 바, 우리의 삶에서 의학의 역할을 어느 선까지 허락할지에 관해서도 짧게나마 고민해봐야한다. 현대 의학 덕분에 과거에 비해 통증의 정도가 확실히 줄어들었다는 것은 분명 좋은 일이다. 몰핀의 위대함이란! 그러나, 단순히 살 날을 늘리기 위해 생명연장 처치를 받는 것처럼, 어떤 면에서는 이 의학 때문에 필요 이상의 통증을 감내해야 하는 부분도 있다는 점을 짚고 넘어가야 할 것 같다. 한 예로, 자신의 집에서 평안한 죽음을 맞이하고 싶어 하는 사람이 많지만, 자신의 의도와는 달리 마지막의 마지막까지 수술과 의료적 개입에 동의하고 마는 경우가 많다. 우리 스스로 죽음이 두렵기 때문에, 혹은 당사자에게서 무엇을 어떻게 해야 할지 전해들은 바 없는 가족에게 가장 안전한 선택이란 119를 부르는 것이기 때문이다. 까다로운 문제이다. 누구든 결국 의학과 과학기술에 의존하게 될 순간이 찾아오겠지만, 어디까지 필요할지, 언제 포기해야 할지는 아직 깨우치지 못했다. 우리가 심각하게 고민해야 할 쟁점이다. 일주일 간 더 살 수 있지만 병원에서 각종 기기에 몸을 연결한 채 삶을 연장하고 싶은가, 아니면 조금 일찍 죽게 되더라도 집에서 죽음을 맞이하고 싶은가?

이미 1960년대 엘리자베스 퀴블러 로스는 《죽음과 죽어감》에서 이 문제를 정확히 짚어냈다. "평온하게 죽음을 맞이하지 못하는 데에는 몇 가지 이유가 있다. 그중에서 가장 중요한 요인은 현대 사회에 접어들며 죽음이란 여러모로 소름끼치는 존재로, 과거에 비해 훨씬 외롭고, 기계적이며, 비인간적으로 변질되었다는 점이다."

당신에게 죽음이 이런 의미여서는 안 된다! 언젠가는 결국 겪어야 할 문제인 만큼, 자신이 원하는 것이 무엇인지 주도적으로 생각하고 결정하길 바란다.

- 절대로 받고 싶지 않은 의료 절차는 무엇인가?

- 필수적 의료 행위의 허용 범위는 어디까지인가?

- 본인이 결정한 사항을 누군가에게 전달했는가? 누구에게 전달했는가?

- 대화, 문서, 편지 중 어떤 형식으로 남겼는가?

기본적인 사항을 어느 정도 결정한 후, 이제는 우리의 문화가 허용하는 (그리고 허용하지 않는) 선을 벗어나 당신이 바라는 최적의 죽음이란 어떤 모습일지 잠시 생각해보자. 스카이다이빙을 하는 도중에 죽기를 바랄 수도 있다. 어쩌면 해변에 누워 죽음을 맞이하는 모습을 그릴지도 모른다. 혹은 푹 꺼진 낡은 침대에 고양이와 함께 누워 모차르트를 들으며 최후를 맞이하고 싶을 수도 있다. 뭐든 좋다. 좋은 죽음을, 당신이 표본으로 삼고 싶을 만한 죽음을 직접 목격한 적이 있는가? 그렇다면 그 죽음의 어떤 점이 좋았는가? 당신이 여태껏 경험한 죽음 가운데 좋지 않은 죽음이라고 여겼던 경우에는 어떤 부분에서 그리 느꼈는가?

좋은 죽음이란 무엇보다 개인이 원하는 방식으로 진행되는 것이다. 우리는 가능한 범위 내에서 최대한 자신이 원하는 죽음을 맞이해야 한다.

· **당신이 생각하는 좋은 죽음이란 무엇인가? 왜 그렇게 생각하는가?**

죽음에 관한 몇 가지 사실과 통계

70퍼센트가 집에서 죽음을 맞이하고 싶다고 하지만,
70퍼센트가 병원이나 장기 요양 시설에서 죽음을 맞이한다.
23퍼센트만이 이를 실천했다.

> 80퍼센트가 생애 말기 치료에 대해 의사와 상의겠다고 하지만,
> 7퍼센트만이 이 같은 대화를 나누었다고 밝혔다.[1]

연습을 시작하라

뭔가 잘못된 말처럼 들리겠지만, 죽음은 연습할 수 있다. 실상, 우리가 해야 하는 가장 중요한 일 중 하나가 바로 자신의 죽음을 상상하고, 연습하는 것이다. 죽음은 단번에 찾아오지 않는다. 뭐, 사실 단숨에 덮쳐오긴 하지만, 잘 죽는 법에 많은 관심을 갖고 있는 전문가들과 사람들 대부분이 시간을 들여 죽음을 실제로 연습한다. 그래야 진짜 죽음이 닥쳤을 때 조금이나마, 뭐랄까, 능숙하게 대처할 수 있을 테니까. 바이올린 연주나 농구 경기를 연습하거나, 제대로 맛을 살려 농담하기 위해 연습하는 것처럼(솔직히 말해 나는 농담을 연습한다), 죽음도 연습할 수 있다. 죽음을 연습한다고 해서 저승사자가 찾아오는 것은 아니다!

한 가지 실험을, 아니 과제를 내려고 한다. 일주일 동안 하루에

---

1 컨버세이션 프로젝트 내셔널 서베이(The Conversation Project National Survey), 질병대책센터(Centers for Disease Control), 2005

한 번씩 본인의 죽음을 상상하고 연습해보는 것이다. 침대나 바닥에 몸을 누이고 "나는 죽어가고 있다."고 되뇐다. 머릿속으로 죽음의 단계를 하나씩 그려본다. 나쁜 소식을 전해듣고, 입원하고, 몸도 기분도 엉망진창이 되고, 가족과 친구들이 소식을 듣고 놀라는 얼굴과 마주하고, 마지막으로 평안하게 마지막 숨을 내뱉는다. 미래의 어느 날, 실제로 마지막 숨결을 내뱉게 될 순간이 찾아오리라는 것을 상기하며 잠시 동안 명상의 시간을 갖는다. 자신 안에서 떠오르는 생각이나 감정을 인식한다. 자신의 몸을 온전히 의식한다. 마음이 정처 없이 흐르는 것을 가만히 지켜본다. 그러고 난 뒤, "이제, 내 마지막 숨결이야."라고 되뇐다. 숨을 들이쉬고 내쉰 후, 자기 자신에게 굿바이 인사를 한다.

　생각만 해도 소름끼치고 어쩌면 우울하기까지 하겠지만, 일주일 후에는 죽음과 새로운 관계를 형성하게 될 거라고 단언할 수 있다. 죽음 연습은 아무리 강조해도 지나치지 않다. 진짜 때가 왔을 때, 당신은 아마 과거의 자신에게 무척이나 감사하게 될 거라고 확신한다. 비단 미래의 그때뿐 아니라, 현재 삶을 누리고 있는 당신도 감사함을 느끼게 될 것이다. 자신의 진짜 죽음을 대면할수록 당신을 소름끼치게 만들고 두려움에 떨게 만드는 요인도 사라지기 때문이다. 죽음에 대한 생각이 달라질 것이다. 기존의 두려움이 사라진 자리에 새로운 두려움이 들어서고, 당신에게는 새로운 변화가 찾아든다. 어쩌면 자신의 삶에서 우선순위를 다시 생각해보게 될지도 모른다. 말하자면, 많은 생각들이 오가게 될 거란 뜻이다. 좋은 것, 나쁜 것, 추악한 것, 예상치 못한 이 모든 것들이 죽음과 친숙해지는 과정에서 반드시 필요한 부분이다.

죽음을 매일 연습하면 '그때'가 왔을 때 우리가 그간 연습해온 것들을 발휘할 수 있게 된다. 이런 말을 들은 적이 있다. "화장실에 가고 싶을 때 화장실을 짓는다면 너무 늦다." 마찬가지로, 죽음 역시 휴지 몇 조각을 들고 동동거리며 맞이하고 싶지 않을 것이다. 나는 화장실을 미리 준비해놓고 싶을 뿐이다.

· **매일 연습을 마친 후 간략한 소감을 기록하라.**

· **일주일 동안 자신이 느꼈던 바를 기록하라.**

죽음을 부르는 일이 될까봐 죽음 연습을 삼가고픈 사람들도 있다. 그런 일은 결코 벌어지지 않는다. 죽음에 대해 말하고 생각한다고 해서 죽게 되는 일은 없다. 오히려 그 반대로, 추후 다시 이야기하겠지만, 죽음을 연습함으로써 삶을 온전히 누릴 수 있게 된다.

바이올린, 농구, 농담처럼 무언가를 연습한 경험에 빗대어 생각하면 된다. 우리는 연습을 통해 성장해오지 않았던가? 헬스장에서 근육을 단련하고, 학교에서 마음을 갈고 닦았던 것을 떠올려보길 바란다. 장거리 여행을 준비하고, 식사를 준비하면서 왜 죽음은 준비하지 않는가? 죽음이 어떻게 찾아올지는 선택할 수 없지만, 그 일이 벌어질 때 자신이 어떻게 받아들여야 할지는 충분히 연습할 수 있다.

나는 내 죽음을 수백 번, 어쩌면 수천 번 연습했다. 내가 어떤 기분일지, 내가 무엇을 후회할지, 내가 외우게 될 죽음 만트라는 무엇일지, 그 순간 내게 평안을 안겨주는 것은 무엇일지, 내가 무엇을 떠올리며 웃음을 터뜨리게 될지 이미 알고 있다. 물론 내가 상상하는 것과 실제로 벌어지게 될 상황은 다를 거라는 것도 잘 알고 있다. 나는 무엇도 예측할 수 없고, 감히 상상하기 어려운 무언가를 머릿속에 그려보는 것 자체도 쉽지 않은 일이다. 그러나 마지막 순간 앞에서 준비된 모습으로 죽음을 마주할 수 있도록 자동반사적인 습관을 쌓았다고 자신할 수 있다.

· 죽음 연습은 언제 할 수 있는가?

· 어떤 느낌일 것 같은가?

주의할 점이 한 가지 있다. 강제성 없이 무언가를 연습한다는 것이 얼마나 어려운 일인지를 명심해야 한다. 엄마의 잔소리가 없었다면 아마도 피아노를 시작하지 않았을 가능성이 높다. 연습이란 시간과 노력을 들여야 하는 일이다. 그리고 얼마간의 겸손함 또한 필요하다. 나는 이 겸손함을 갖추지 못한 탓에 힘들었던 적이 있다. 굳이 하나를 꼽아보자면, 바로 출산 준비 교실이었다. 내게는 그다지 필요치 않다고 여겼기 때문에 어떤 수업에도 참여하지 않고 내 멋대로 자세와 호흡법을 연습했다. 밝히기 부끄럽지만 각각 5초 정도만 연습했다. 나는 밑도 끝도 없이, 오만하게도 내 첫 출산이 우아하고 아름다울 거라고 믿었다. 그렇게 생각하는 데는 나만의 이유가 있었다. 나는 멋지고, 강인하며, 세계에서 제일가는 사람이었고, 콜로라도 목장 출신에 자연에서 뛰어놀았던 여성으로 나의 몸과 자연의 순리에 대해 잘 이해하고 있었고 등등. 그러나 출산이란 얼마나 사람을 겸손하게 하는 경험인지. 자세히 설명하진 않겠지만, 다만 구토를 하고 제발 진통제를 놔달라고 사정을 하고, 욕지거리와 눈물을 쏟아내고, 살인 협박을 하고 온갖 약물에 의지하게 만들어 나란 인간을 굉장히 겸허하게 만들었다는 정도로만 말해두겠다. 만약 출산 준비에 더욱 시간을 들였다면 어쩌면 그 과정을 훨씬 즐길 수 있었을지도 모른다는 생각에 무척이나 후회했다.

내 인생을 통틀어 이런 후회를 한 적이 많다. 무언가를 잘 알고 있다고 자만하다가 위기에 맞닥뜨린 후에는 그 즉시 '포용적 환경(이 주제에 대해선 뒤에서 다시 다룰 예정이다)'이라는 것을 잃어버리고 마는 것이다.

나는 한 살씩 나이가 들수록 더욱 겸손해지는 법을 배우고 있다. 당신도 잠시나마 진지한 태도로 자신에게 솔직해지기 바란다. 죽음을 두고 당신의 에고는 뭐라고 말하는가? 죽음을 연습하는 데 무척이나 열린 태도일 수도 있고, 어쩌면 불필요하다고 여길 수도 있다. 정답이 있는 문제가 아닌 만큼 어떤 대답을 하든 괜찮지만, 자신의 입장이 어디쯤인지 한번쯤 생각해보는 것이 좋다. 현재 자신이 죽음을 어떻게 생각하는지 확인하고, 일주일 후, 한 달 후, 1년 후에는 자신이 어떤 모습으로 달라지길 원하는지 생각해봐야 한다.

죽음 연습? 실제로 많은 사람들이 하고 있다!

죽음을 연습하는 사람은 나뿐만이 아니다. 요즘 상하이에서는 직접 화장장에(물론 전원이 꺼져 있다) 들어가는 체험이 큰 인기를 끌고 있다. 죽음 체험을 통해 삶의 의미를 다시금 생각해보는 계기를 마련한다는 것이 프로그램의 의도다. 사람들과 파티를 할 때, 늘어진 분위기를 되살리기에 죽음 체험보다 더 좋은 게임이 있을까 싶다!

세계 곳곳에서 벌어지고 있는 일이다. 한 예로, 한국의 '카핀 아카데미'에서 열리는 세미나에서 사람들은 목재 관 속에 팔짱을 낀 채로 눈을 감고 10분 간 누워 있는 체험을 한다. 이 경험을 통해 참가자들은 혼자만의 시간을 가지며 자신이 후회하는 일과 죽음에 대해 생각해본다.

나와 대화를 나눈 한 임종 도우미 합창단원은(그녀의 이야기는 2장에서 자세히 소개할 예정이다) 팀원들이 노래 연습을 할 때, 자신은 바닥에 몸을 누이고 자신이 죽었다고 상상한다고 했다. 누군가가 노래를 연습하는 동안 그녀는 죽음을 연습하고 있었다. 효율적이란 말은 이럴 때 쓰는 것이다!

죽음에 익숙해져라

죽음과 가까워진다는 것은 생각보다 훨씬 까다로운 일이다. 왜냐고? 기본적으로 요즘에는 죽음을 직접 경험하는 일이 그리 많지 않기 때문이다. 얼마 전까지만 해도 죽음은 인간의 삶과 훨씬 가까운 관계에 놓여 있었다. 인간은 식량으로 삼을 무언가를 직접 죽여야 했다. 가족의 죽음을 지켜봤고, 장례를 위해 시체를 직접 준비시키기도 했다. 기기도, 약물도 유예할 수 없는 죽음을 직접 보곤 했다.

그러나 요즘에는 누구의 잘못이나 책임도 아니지만, 장례식 전에는 죽은 이의 시체를 볼 기회가 없고, 그마저도 살아있는 사람처럼 단장한 모습으로 접한다. 그것도 아니라면 액자에 고이 담긴 죽은 이의 사진을 본다. 혹은 죽음을 앞둔 이를 보기 위해 병원을 방문하지만 우리는 어디까지나 방문객 그 이상이 아니다. 인간의 죽음이라는 전체 혹은 일부 과정은 닫힌 커튼 너머의 세상이 되었다.

또한 우리는 죽음을 하나의 정보로 접근한다. 누군가 죽었다는 소식을 들었을 때 우리는 가장 중요한 것이 의학적 이유라는 듯 "무엇 때문에 돌아가셨습니까?"라고 되묻는다. 과거에는 누가 어떤 연유로 죽었는지 알 수 없었다. 그저 죽음 그 자체였다. 우리는 우선 마음으로 죽음을 느꼈기 때문에 죽음이란 더욱 진실되게 다가왔고 피할 수 없는 운명으로 이해했다.

내 어린 시절에서 좋았던 것 중 하나는 평범하지 않은 부모님과 목장에서 자랐다는 것이다. 동물들은 자주 그리고 흥미로운 방식으로 죽음을 맞이했다. 풀밭에서 개의 사체를 부검했고, 송아지들은 주방에서 죽었으며, (도무지 무슨 이유였는지 모르겠지만) 죽은 카나리아는 냉동고에 몇 년이나 방치되어 있었다. 기니피그, 토끼, 오리, 개, 염소, 너구리 등 내가 키우던 애완동물이 죽었고, 그것도 (여우나 곰의 소행이거나, 질병 혹은 자연의 섭리로) 폭력적이고 끔찍하게 죽음을 맞이할 때가 많았다. 동물 애호가이자 옹호자이지만, 어린 시절의 경험은 죽음을 이해하기에 더할 나위 없이 훌륭한 배경이 되어 주었다.

이후 미국 사회에서는 전원적 삶을 벗어나는 대이동이 시작되었고, 이는 곧 죽음과 자연 세계와도 멀어진다는 의미였다. 남북 전쟁 초기에는 미국 인구의 80퍼센트가 시골에 살았지만, 2010년을 기준으로 미국 인구의 80퍼센트가 도심에 거주하고 있다. 자연스러운 현상이지만, 이 때문에 죽음은 우리가 거의 접할 수 없는 무언가로 변질되고 말았다. 물론 죽어가는 닭과 죽음을 앞둔 사람을 같다고 볼 순 없지만, 땅을 일구며 살아가는 삶 속에서 결국 모든 생명은 죽을 수밖에 없다는 것을, 그리고 죽음이란 엉망진창일 수밖에 없다는 것을 더욱 잘 이해하게 된다(곰 한 마리가 닭장에 침입한 후, 머리 없는 닭들의 피 범벅된 사체를 치워야 했던 이야기까지 자세히 설명하진 않겠다).

혼란으로 가득한 어린 시절을 보내며 나는 죽음이 더럽고 역겹다는 것을 배웠다. 개의 몸속이 종양으로 뒤덮일 수 있다는 것을, 잔뜩 부어오른 송아지의 몸은 뻥 하고 터지며, 그렇게 많은 구더기가 생길 수 있다는 것을 배웠다. 그래도 죽음의 당연한 과정이니까 괜찮았다. 하지만 인간의 죽음은 오랜 세월이 지난 후에야 경험할 수 있었다. 우리에겐 인간의 죽음에 익숙해질 기회가 적다. 죽어가는 사람을 찾기도 쉽지 않다. 호스피스 시설에서 자원봉사를 하거나 우리의 상상력을 발휘해보는 것이 다이다.

그러니 지금 이 자리에서 당신이 목격한 죽음에 대해 떠올리고, 죽음이 당신의 인생에 어떤 의미를 지녔는지(죽음을 경험한 적이 없다면, 왜 그랬는지) 생각해본다면 도움이 될 것이다.

• 어린 시절, 죽음과 관련한 경험을 한 적이 있는가?

• 성인이 된 후 경험한 죽음은 무엇인가?

• 당신이 목격한 죽음은 무엇인가? 좋은 죽음과 나쁜 죽음, 어느 쪽이 었는가? 그 죽음을 통해 무엇을 배웠는가?

• 그저 도움의 손길을 전한다는 목적 외에도, 죽음과 친숙해지기 위해 호스피스 요양원이나 병원에서 자원봉사를 할 의향이 있는가?

당신의 삶에게
굿바이 편지를 작성하라

젊고, 건강하며, 조만간 죽을 계획이 없어도, 자신의 삶에 편지를 쓰는 것 정도는 할 수 있다. 나중에는 장문의 편지를 공식적으로 써야 할 테지만, 우선은 이 곳에 몇 가지 아이디어를 기록해두는 것으로 시작해보자. "삶에게", "지금까지의 삶에게", "지구와 사람들에게" 혹은 당신의 이름도 나와 같다면 "로라에게"로 첫 발을 떼면 된다. 편지를 완벽하게 작성해야 한다는 부담을 느낄 필요는 없다. 그저 지금은 연습일 뿐이다! 당신의 삶에게 하고 싶은 말이 무엇인가?

· ○○의 삶이여, 안녕

윤리 유언장을 작성하라

금전 문제에 관한 유언장 역시 중요하지만, 당신의 진심을 담은 윤리 유언장 역시 마찬가지이다. 자신의 돈과 유품이 적당한 사람이나 단체에 전해지도록 재정적인 사항을 담은 유언장도 필요하다! 그러나 우리는 단지 돈과 물건뿐 아니라 그 이상의 것을 남긴 다는 점을 명심해야 한다. 당신의 마음을, 업적을, 당신에게 중요했 던 무언가를 남기고 떠나는 것이다. 자신에 대한 기록을 남긴다면 죽음은 한결 쉬워진다. 당신을 웃고 울게 만들었던 것이 무엇인가? 이것을 떠올리는 것부터 시작해보자.

- **당신은 누구인가?**

- **당신의 신념은 무엇인가?**

- **당신이란 사람을 가장 잘 표현하는 단어는 무엇인가?**

- **사람들에게 전하고 싶은 말은 무엇인가?**

자신의 믿음을 다시 생각해보라

죽음을 준비한다는 것은 본질적으로 우리가 진정 누구인지를 찾 아가는 과정이므로 필연적으로 개인의 믿음이 큰 영향을 미친다.

죽음 이후의 시간에 대한 단상

이 책은 종교를 가진 사람, 갖고 있지 않은 사람, 영적인 믿음을 지닌 사람, 영성에는 그다지 관심 없는 사람 모두를 위한 책이다. 누구에게나 결국 마지막 순간이 찾아온다. 죽음 이후 펼쳐질 세계에 대해 영원주의(죽음 이후 자아가 영원히 존재한다는 믿음-옮긴이) 혹은 니힐리즘Nihilism(허무주의, 죽음과 함께 모든 것이 소멸한다는 믿음-옮긴이)으로 볼 수도, 혹은 이 양극단 사이에서 자신 나름의 신념을 갖고 있을 수도 있다. 종교와 죽음은 굉장히 밀접한 관계에 놓여 있어서 많은 학자들이 본질적으로 종교란 죽음에 관한 것이라고도 하고, 종교가 죽은 후 우리가 어디로 가게 될지, 죽음 이후에 어떤 세계가 펼쳐질지를 안내하는 역할을 한다고도 한다. 종교가 있다면, 그 믿음에 따라 죽음의 과정이 달라지기도 한다.

한편, 나는 그 어떤 종교에도 무례를 범하지 않으면서도, 일반인, 불가지론자(신의 존재를 알 수 없다는 입장-옮긴이), 무신론자 모두 공감할 수 있는 책을 쓰고 싶었다. 나는 자연을 믿고, 과학을 믿으며, 경이로운 기적도 믿는다. 신이란 그 존재를 따르거나 심지어 거부할 수 있는 거대한 미스터리일 뿐, 내게 반드시 그 믿음을 수행할 의무가 있는 것은 아님을 깨달았다. 따라서, 간단히 말하자면, 이 책은 특정한 사후 세계를 기반으로 한 책이 아니다. 죽음 이후 어느 곳으로 가게 된다고 믿든, 그저 소멸한다고 믿든 누구나 삶을 벗어나는 그 변화의 순간에는 똑같은 불안과 두려움을 느낀다는 것이 핵심이다. 이 책을 통해 지구에서의, 이번 생의 마지막 순간이 멋질 수 있도록 죽음에 대해 생각해보는 기회를 전해주고자 한다.

결국 대다수의 종교에서 가장 중요한 쟁점은 사후 세계이다. 영원주의 혹은 니힐리즘? 혼자일 것인가, 신의 곁으로 가게 될 것인가? 죽음의 순간을 인식할 것인가, 인식하지 못할 것인가? 어떤 종교적 믿음을 설파하거나, 혹은 그 믿음을 반박하려는 것은 아니지만, 이런 고민을 통해 지혜를 구할 수 있다고 생각한다. 현재 우리는 세속적이고 다종교적인 문화에서 살고 있지만, 여전히 많은 사람들이 종교적 신성함에 대해 관심을 갖고 있다. 내 경우, 믿음에 대해 다시금 생각해보는 시간을 가진 후 (여러 분야를 기웃대다) 불교 전통으로 눈을 돌리게 되었지만, 이 세상에는 불교 외에도 수많은 종교와 전통이 존재한다. 나는 관을 제작하는 수녀들을 만나보기도 했고, 사람이 죽으면 향이 된다는 믿음을 지닌 사람들과도 대화를 나눴는데, 무엇보다 사후 세계에 대해 생각하는 시간을 가졌다는 점에서 좋은 경험이었다.

죽음을 앞둔 사람들은 보통 마지막 순간이 닥치면 자신이 믿는 신을 향한 믿음을 표현할 때가 많다. 어쩌면 종교가 정말 당신을 신께 인도해줄 수도 있고, 커다란 선물을 안겨줄 수도 있다. 어쩌면 그 반대일 수도 있고. 하지만 결과가 무엇이든, 자신의 믿음에 대해 적어도 생각은 해봤다는 것이 중요하다.

- 죽기 전에 탐구하고 싶은 영성 분야가 있는가?

- 지금 현재 도움을 요청할 수 있는 영적인 인물이 있는가?

함께할 수 있는 친구를 찾아라

같은 믿음을 공유할 수 있는, 혹은 아무것도 믿지 않겠다는 신념을 공유할 수 있는 친구를 찾고, 자신의 생애 말기 치료에 관해 의논하는 것이 중요하다. 이 모든 것을 홀로 결정하는 것도 좋지 않지만, 자신과 완벽히 반대의 믿음을 갖고 있는 사람과 함께하는 것도 좋은 생각은 아니다.

가족이나 친구 중 당신에게 힘이 되어줄 사람이 누구인가?

죽음에 관해서라면 남들보다 훨씬 힘이 되는 사람들이 있다. 당신이 진솔하게 대화를 나눌 수 있는 사람, 진짜 속마음을 털어놓을 수 있는 사람은 누구인가? 윌리엄 셰익스피어의 〈말괄량이 길들이기Taming of the Shrew〉에는 대화의 필요성을 잘 표현한 대목이 나오는데, 여기서 감히 셰익스피어의 글을 달리 인용해보려고 한다. "내 혀는 내 마음속의 감정을 말하죠. 감정을 감춘다면 내 심장이 터져 버릴 테니(원작에는 감정이 아닌 '분노'라고 쓰여 있다-옮긴이)." 심장이 터지게 둘 이유가 없다! 죽음에 대해 이야기를 나누고, 함께 경험을 쌓을 수 있는 누군가를 찾아라.

· 끝까지 함께할 수 있는 친구 다섯 명을 떠올려보라

반드시 친구가 아니라도
함께할 수 있는 사람을 찾아라

당신의 죽음으로 감정적인 영향을 받지 않을 사람들, 당신이 떠난 후 찾아올 그리움 때문에 비이성적인 판단을 하지 않을 사람들과 이야기를 나누는 것도 큰 도움이 된다. 완벽한 타인에게서 새로운 관점을 발견할 때가 많다. 죽음을 준비하는 과정을 낯선 사람들과 함께하는 방법도 많은데, 나는 얼마 전부터 미국에서 시작되고 있는 '죽음 카페$^{Death\ Café}$'를 추천하고 싶다. 유럽에서는 공공장소에서 중요하고 흥미로운 주제를 함께 토론하는 모임이 활성화되어 있다. 철학 카페를 의미하는 카페 필로$^{Café\ Philo}$, 과학 카페란 뜻의 카페 상티피크$^{Café\ Scientifique}$가 있고, 이제는 카페 모르텔$^{Café\ Mortel}$, 즉 죽음 카페도 생겨났다. 죽음 카페란 실제로 어떤 장소를 말하는 것이 아니라, 다양한 장소에서 일시적으로 열리는 모임을 칭한다. 아무런 관계도 없는 낯선 사람들이 모여 죽음을 주제로 이야기를 나눌 때 더욱 진솔하고 열린 대화가 가능해진다. 그러니 커피 한 잔을 마시며 죽음에 대한 대화를 나누면 어떨까! 아주 즐거운 데이트가 될 것 같다.

다양한 도시에서 죽음 카페가 열리고 있다. 내가 살고 있는 도시에서도 몇몇 모임에 참석한 적이 있고, 뉴질랜드에서도 가본 적이 있다. 만약 당신이 있는 곳에서 찾을 수 없다면, 용기를 내어 죽음 카페를 직접 개최해보는 것도 좋을 것 같다.

죽음 카페에서 하는 일

아버지가 돌아가시고 얼마 지나지 않아 처음으로 죽음 카페를 주선했다. 처음이라 긴장했지만 실제로는 무척이나 활기 넘치고 신나는 모임이 되었다. 실내를 장식하고, '죽음: 최후의 개척지'라고 글씨가 새겨진 케이크도 준비했다.

모임 참석자는 용기를 낸 나의 친구들과 그 친구들이 데려온 지인들로, 모두 중년의 나이에 접어든 건강한 사람들이었다. 이 연령대의 사람들이 인구학적으로 죽음에 가장 큰 관심을 갖고 있는 계층으로 드러났다. 앞에서 언급했듯이 퓨리서치센터의 조사에 따르면 75세 이상 인구 가운데 22퍼센트만이 생애 말기 치료에 대한 자신의 입장을 정리해두었다고 한다. 한편, 이 조사를 통해 모든 성인 연령층에서 관련 사항을 문서화시키는 움직임이 크게 확산되고 있음이 확인되었는데(열 명 중 여섯 명꼴), 아직은 젊은 편에 속하는 중년의 사람들이 죽음을 준비하는 비율이 가장 높은 것으로 밝혀졌다. 바로 우리가 죽음 카페에 모인 이유였다.

내 머리와 마음을 단련시키기 위해서는 죽음과 그 두려움에 대해 자꾸 이야기하고 또 이야기하는 방법밖에 없었다. 나는 타고나기를 내성적인 사람이지만, 다른 사람들과 진솔한 대화를 나눌 줄 알아야 모두가 함께 훨씬 현명해지고, 유연해지며, 진실될 수 있다고 강력하게 믿는 사람이기도 하다.

내가 주최한 죽음 카페는 과거에 목격한 죽음을 다루기보다, 우리가 미래에 원하는 죽음이 무엇인지를 이야기하는 자리였다. 우리는 다양한 결론에 이르렀다. 참석자 중 절반은 죽음에 이르기까지의 과정을 두려워한 반면, 절반은 죽음 그 자체를 두려워하는 것으로 드러났다. 죽음을 연습한 경험이 있는 사람은 나를 포함하여 극소수였지만, 회피는 어떤 상황에서도 좋은 해결책이 아닌 만큼, 죽음 연습이 우리의 삶을 더욱 밀도 있고 활기차게 만들어준다는 데는 모두 동의했다.

처음에는 참석자들이 조심스러운 태도를 보였지만, 모임이 끝날 때쯤에는 모두 크게 웃고 있었다. 더욱이 대화에 그치지 않고 무언가를 실천할 생각에까지 이르렀다는 점이 큰 결실이었다. 참석자 중 한 명은 수목장을 검색하겠다는 다짐까지 했다! 또 다른 한 명은 자신이 가장 맘에 들었던 공동묘지 자리 하나를 구매하기로 결심했다. 바로 다음 달부터 죽음과 관련한 서류작업(구체적인 내용은 법적 서류를 다룬 챕터에서 소개하고 있다)을 시작하는 데는 참석자 대부분이 뜻을 같이했다.

죽음 카페에서 하면 좋을 활동을 아래에 소개해두었다. 나와 인터뷰를 한 사람들 가운데 스무 명 정도가 추천한 데에는 그만한 이유가 있다. 이 게임은 감동적일 뿐 아니라 자신의 속마음을 진실하게 드러내는 계기가 되기도 한다.

게임 방법은 아래와 같다.

1. 유쾌한 사람들을 모은다. 혹은 완전히 낯선 사람들이 모여도 좋다!
2. 사람들에게 작은 종이를 나눠주고 다음과 같은 사항을 적도록 한다.
   - 자신이 가장 사랑하는 사람 다섯 명
   - 자신에게 가장 소중한 소지품 다섯 가지

- 자신이 가장 좋아하는 일 다섯 가지

- 자신에게 중요한 가치나 신념 다섯 가지

사회자 역할을 해줄 사람을 한 명 지명한다. 사회자는 다음의 글을 참가자들에게 나지막이 읽어준다.

"오늘 당신은 작은 종양을 찾았습니다. 오늘 당신은 ○○○라는 병을 진단받았습니다. 하루하루 지날수록 몸이 힘들어집니다... 마지막 순간에 이르고, 당신은 ○○○을 잃게 됩니다."

진행자의 말이 반복될 때마다 새로운 질병이나 사고가 언급되고, 이때 참석자들은 가운데 마련된 공간으로 자신이 쥐고 있던 종이를 하나씩 던진다. (예컨대, 처음에는 등산이나 말을 탈 기회를 잃고, 그 뒤에는 자동차, 그 뒤에는 모친을 잃는 식이다.) 들고 있던 종이를 잃어가며 참석자들은 자신에게 가장 소중한 것이 무엇인지 생각하게 된다.

손 안의 종이가 몇 장 남아 있을 때, 참가자들은 자기 옆에 앉은 사람의 종이를 무작위로 두 개를 골라서 버린다. 바로 질병이 우리에게 하는 일이다. 질병이 닥치면 내가 잃게 되는 것을 스스로 결정할 수 없게 된다! 질병이 앗아가는 대로 바라보는 수밖에 없다.

5분간 침묵 속에서 자신들이 잃어버린 것들을 되새기며 각자 어떤 기분을 느꼈는지 생각해보는 시간을 갖는다.

이후 자신이 느낀 바를 이야기한다.

케이크를 먹고, 자신의 종이를 줍는다. 그러고는 이 종이에 적힌 스무 가지 일을 즐길 수 있을 때 맘껏 즐기기로 다짐한다.

이제 당신이 직접 죽음 카페를 열어볼 차례이다!

· 언제 죽음 카페를 열고 싶은가?

· 당신이 여는 죽음 카페에 누구를 초대할 것인가?

어디서 모임을 개최할 생각인가? 친구를 초대하는 경우라면 당신의 집도 좋겠지만, 만약 낯선 사람들과 모임을 가질 계획이라면 커피숍 같은 곳이 낫다. 낯선 참석자들의 경우 모임과 관련 없는 사람들이 자신의 이야기를 듣게 될 수도 있다는 생각이 들면 솔직하게 자신의 마음을 드러내지 않기 때문에 비교적 사적인 공간을 찾아보는 것을 추천한다.

어떤 케이크를 준비할 것인가? (농담이다. 케이크가 꼭 필요한 것은 아니다.)

죽음 카페 사이트에서는(deathcafe.com 참조) "어떤 연유로 이곳에 오게 되었나요?" 같은 말로 대화를 시작하라고 조언하는데, 내가 받은 질문들 가운데 대화의 물꼬를 트는 데 도움이 됐던 것들은 다음과 같다.

- 앞으로 1년밖에 남지 않았다면 어떻게 살고 싶은가?
- 언제 죽음을 연습하는가?
- 죽음을 떠올릴 때 가장 두려운 것은 무엇인가?
- 후에 죽음을 쉽게 받아들이기 위해 지금 당장 실천할 수 있는 일이 하나 있다면 무엇인가?
- 당신이 죽음을 맞이할 때 함께 있고 싶은 사람 다섯 명은 누구인가? 이들의 역할은 무엇인가?
- 이들이 당신에 대해 반드시 알아야 할 세 가지 중요한 사항은 무엇인가?
- 생애 말기 치료에 대한 당신의 입장을 전달해줄 사람 두 명은 누구인가?

상처 입은 마음을 살펴라

적어도 자신이 상처를 준 사람들이 누구였는지는 되짚어봐야 한다. 누구나 살아가면서 마찰을 빚은 사람들이 있다. 상대를 애써 용서할 필요는 없다고 생각할 수 있지만 어쩌면 우리 자신을 위해 용서하는 편이 나을지도 모른다. 사과를 하든, 비난이나 불만을 표현하든, 진실을 고백하든, 편지를 남기는 것이 좋다. 죽은 후에야 전달될 편지라도 말이다. 잠시 생각할 시간을 가져보자.

· 당신을 제대로 화나게 한 사람들을 떠올려보라.

· 당신이 진심으로 사랑한 사람들은 누구인가?

· 당신이 죽기 전에 연락하고 싶은 사람들을 떠올려보라.

· 당신이 사과를 해야 하는 사람들이 있는가?

· 당신이 사과를 받고 싶은 사람들이 있는가?

계획을 세워라.
플랜 비도 만들어라

　자신이 어떤 죽음을 원하는지 깨달았다면, 이제는 대안을 만들 차례이다. 이 과정이 얼마나 중요한지는 아무리 강조해도 지나치지 않다. 슬프게도 우리는 원하는 것을 결국 얻지 못할 때가 있다. 듣기 싫은 잔소리 같겠지만, 이는 엄연한 현실이다. 아이들이 어렸을 때 나는 애들이 별로 좋아하지 않는 메뉴로 저녁을 차리며 이런 노래를 흥얼거리곤 했다. "주는 대로 먹고, 성질부리지 않기!" 아이들이 끔찍하게 싫어하는 음식을 억지로 먹이려던 것은 아니었다. 다만, 자신이 원하는 것을 항상 얻을 수는 없다는 가르침이자 나이가 들면 자연스럽게 깨닫게 될 현실을 알려준 것뿐이다.

　이런 이야기를 들어본 적이 있을 것이다. 집에서 잠든 채로 평온하게 죽음을 맞고 싶었지만, 지나친 의료 개입으로 오히려 위험한 상황이 발생해 결국 도움이 필요해졌고, 주변에는 의지할 친척도 없고 상황이 여의치 않아 결국 요양원으로 옮겨야 하는 신세가 되었다는 이야기 말이다. 만약 당신도 이렇게 된다면 기분이 어떨까? 마음의 평정을 유지할 수 있겠는가?

　그러니, 긴급 상황을 대비해 미리 대책을 마련해두는 것이 좋다.

이때는 다양한 요소를 고려해야 한다.

· 기본 계획이 무엇인가? ('어디서 죽음을 맞이하고 싶은가?' 등등)
현실적인 대안은 무엇인가?

· 그 대안을 실현할 만큼 자금이 충분한가?

· 그렇지 않을 경우, 의지할 수 있는 사람은 누구인가? 상대도 당신을
도와줄 용의가 있는가? 미리 대화를 나누어봤는가?

· 요양 센터로 가게 된다면 어떤 소지품을 챙겨야 당신에게 조금이나
마 위안이 될까? 물론 집처럼 편안하진 않겠지만 그래도 집과 같은
분위기를 연출할 수 있는 물건은 무엇인가?

"때가 되면 생각해보겠다"는 식의 불분명한 답변을 하지는 않
았는가? 그렇다면 재고하길 바란다. 예측할 수 없는 일을 대비하는
것이 어렵다는 건 잘 알지만, 현실은 자신이 원하는 대로 흘러가지
않을 수도 있다는 것을 인정하고, 그 안에서 최선을 이끌어내도록
노력하는 자세가 필요하다.

청소 좋아하는 사람?
바로 당신이다!

어쩌면 아닐 수도 있다. 하지만 난장판을 하고 떠나는 것만큼 어리석은 일도 없으니 어찌되었건 청소를 해야만 한다. 집필 작업을 마무리하기 위해 뉴질랜드에서 6개월가량 머무는 동안 우리집을 임대로 내놓으려고 깨끗이 치우고 정리한 적이 있다. 엄청난 양의 잡동사니를 처분해야 했고, 상당히 골치 아픈 일이었다. 그런데 기분은 무척 상쾌했다. 무언가를 깔끔하게 정돈하고 떠난다는 것이 얼마나 기분 좋은 일인지 실감한 계기였다. 물건을 분류하고 이름표를 붙이는 과정도 즐거웠다. 이제 창고에는 '아이들에게 중요한 물건' 등 각각의 이름이 적힌 박스들이 보기 좋게 놓여 있고, 무엇보다 필요한 물건들만 추려 정리한 덕분에, 추후 누구도 잡동사니 더미를 뒤지며 고생할 필요가 없어졌다.

· 당신이 죽었다고 상상해보라. 이 난장판을 정리할 사람은 누구인가?

· 그 사람의 수고를 최소화하기 위해 할 수 있는 일은 모두 했는가?

· 당신의 집 혹은 생활 공간은 어떤 상태인가?

· 버리거나 재활용할 수 있는 물건은 무엇이고, 버릴 수 없는 물건은 무엇인가?

· 신용카드, 계좌번호, 보험증서, 유언장 등이 보관된 장소는 어디인가?

· 장례식 비용이 보관된 장소는 어디인가?

· 당신의 시신 처리와 장례식을 책임질 사람은 누구인가?

최후의 청각, 미각, 후각, 시각, 촉각

말 그대로이다. 마지막 순간에 듣고 싶은 기도문이 있는가? 듣고 싶은 노래가 있는가? 하고픈 말이 있는가? 무엇이든 그 순간이 닥치기 전에 적어두어야 한다. 그 순간에 (요행히) 당신 곁에 함께 있어줄 누군가에게 종이를 미리 전달하고, 때가 되었을 때 자신이 바랐던 것을 실행하길 바란다. 3부에서 자세히 다루겠지만, 일단 아래 질문을 통해 간단히 생각해보는 시간을 갖길 바란다.

· 마지막 순간에 무엇을 듣고 싶은가? 노래? 아니면 침묵을 원하는가?

· 죽음 직전에 맛보고 싶은 음식이 있는가?

· 어떤 물건을 손에 쥐고 있고 싶은가?

· 가장 좋아하는 향은 무엇인가?

자신의 삶을 기념하는 장식장을 만들어라

아름답고 예술적인, 혹은 아주 괴상하고 특이한 프로젝트라고 생각하라. 일주일이나 한 달, 아니면 그냥 하루를 들여 자신의 삶을 기념하는 장식장이나 스크랩북을 만들어보는 것이다. 결혼반지나 카드, 상장, 가장 좋아하는 음반 등 행복한 한때를 상징하는 기념품들을 보관하는 것도 좋고, 발가벗고 거리를 내달린 탓에 신문에 등장하게 된 기사나, 이혼 서류, 당신이 상처를 준 누군가의 사진처럼 무언가 값진 경험과 관련된 물건을 포함시키는 것도 좋다. 어떤 여성은 자신이 가보고 싶었던 장소의 사진을 진열하기도 했다. 자신이 하지 못한 일, 그것 또한 삶의 일부라고 여겼기 때문이다.

따뜻한 말을 전하라

《죽음과 죽어감》에서 엘리자베스 퀴블러 로스는 죽음을 받아들이는 과정을 다섯 단계로 설명했다. 첫 번째 단계는 '부정'이다. 불치병 진단을 받은 사람은 보통 자신이 죽게 된다는 사실을 부정한다. 그러나 마지막 단계인 '수용'에 접어들면서 죽음이 다가오고 있다는 현실을 평온하게 받아들인다. 그러나 오늘날에는 대부분의 사람들이 부정의 단계에 갇혀, 최후의 순간까지 치료를 기다리며 마지막을 맞이한다. 그로 인해, 생의 마지막 순간에 마땅히 해야 할 일들, 가령 자녀들에게 축복의 말을 전하는 등의 일을 하지 못하게 된다고 그녀는 지적했다. 남겨진 이들에게 사랑과 신뢰의 말을 남기고, 자신의 죽음과 별개로 그들만의 인생을 잘 살아가라고 독려하는 메시지를 남기는 것은 무척 중요하다. 잠시나마 본인에게만 집중하던 마음에서 벗어나 남겨진 이들에 대해 생각하고, 후에 기회가 없을지도 모를 상황을 대비해 이들을 위로해줄 수 있는 말이 무엇일지 고민해보고, 당신의 사랑을 기억할 만한 무언가를 남겨주어야 한다.

- **당신이 사랑하는 사람은 누구인가?**

- **사랑의 말을 남기고 싶은 이는 누구인가?**

- **이들에게 남기고 싶은 말은 무엇인가?**

온전히 소화하고, 체득하라

앞서 나온 단계를 하나씩 해나가는 동안 당신은 분명 죽음과 한결 친숙해졌을 것이다. 어쩌면 죽음을 벌써 수십 번이나 연습해봤을지도 모른다. 죽음이라는 '새로운 개념'을 소화시켰다고 볼 수 있다. 이제는 이 개념을 몸과 마음의 에너지로 전환할 때이다. 다시 말해 당신의 몸이 죽음에 적응하도록 만드는 과정이다. 앞으로 돌아가 몇몇 질문을 다시 살펴보며, 죽음이라는 새로운 개념을 온전히 체득한 지금 생각이 어떻게 달라졌는지 살펴보는 것도 좋을 것이다.

죽음을 떠올리는 것이 조금은 편안해지지 않았는가? 예컨대, 처음으로 죽음을 연습했을 때는 너무도 당황스러워 목이 메고 심장이 쿵쿵 뛰어댔을지도 모른다. 그러나 연습을 계속하다 보면, "괜찮아. 전에도 해봤던 일이야. 내 마지막 순간을 상상해본 적 있잖아. 마지막 말도. 그러니 괜찮아."라고 말할 수 있게 된다. 내 경우에는 연습을 하면 할수록 죽음을 떠올리는 것이 편안해졌다. 그렇다고 진짜 마지막 순간이 닥쳤을 때 완벽하게 침착한 상태를 유지할 거라고는 확신할 수 없지만, 연습이 나를 좀더 편안하게 만들어줄 거라고 믿는다.

연습을 통해 얻은 배움은 당신만의 것이 된다. 그러나 여기까지 도달하는 일은 쉽지 않다. 자신이 선택한다고 되는 일이 아니다. 새롭고 낯선 개념을 내 안에서 완벽히 소화시키는 과정이다. 명상적이고, 평화로우며, 자비로운 포용적 환경을 만들고, 그 안에서 자신의 죽음을 마주하는 일이다. 이런 일이 저절로 될 리 없다. 무언가를 완벽하게 소화시켜 내 것으로 만드는 과정에는 절대적으로 시간과 연습이 필요하다. 따로 지면을 할애해 다시 한 번 연습의 중요성을 강조한 이유도 여기에 있다. 심한 몸살, 의사로부터 전해지는 나쁜 소식, 공황에 빠지는 순간이 찾아와 스트레스를 받을 때면, 마음을 다시금 다잡고 평온한 죽음을 연습하길 바란다.

죽음을 말하되
단어를 신중히 사용하라

칵테일파티에 갈 때마다 죽음에 대한 이야기를 꺼낸다면 더 이상 초대받지 못할 테니, 매번 죽음을 입에 올릴 필요는 없다. 하지만 죽음을 주제로 자주 이야기를 나눠야 한다는 것이 내 지론이다. 죽음을 대화 주제로 삼아라! 죽음이라는 주제에 위화감을 느끼지 않도록 하라! 죽음을 연습하는 것이 진정한 자유에 이르는 길이다. 자녀들에게도 죽음은 두려움의 대상이 아니라는 것을 가르쳐야 한다. 대학에서도 죽음을 학부 과정으로 개설해야 한다. 농담이 아니라, 안 될 거 없지 않은가?

인간의 자연스러운 현상을 억압하면 괴상한 부작용이 생기게 마련이다. 미국에서는 아주 오랜 세월 죽음을 금기시한 문화로 인해 폭력적인 집착과 비정상적인 행동들이 발현되는 결과를 낳았다. 예컨대, 우리는 영화 속에 등장하는 죽음 소재를 예술적으로 평가하고, 비디오 게임 속에서 벌어지는 죽음에는 불편함을 느끼지 않지만, 우리가 실제로 나이가 들거나 죽는 것은 원치 않는다. 나이 들어 보이지 않기 위해, 죽음을 피하기 위해서 상당한 돈과 시간을 투자하고, 노화와 죽음을 굉장한 실패로 여긴다. 한마디로 죽음은 미국스럽지 않은 주제이다.

우리가 쓰는 말은 어떤가. "그녀는 암과의 싸움에서 졌지만 용감하게 맞섰어." 마치 이 여성이 실패한 것처럼 들린다! 그녀가 아닌 그녀의 몸이 겪은 일이고, 그것이 죽음일 뿐인데 말이다. 따라서 죽음을 이야기하되, 죽음을 실패로 인식하게 만드는 표현을 주의해야 한다. 사람들 앞에서 죽음에 대한 이야기를 꺼내고, 대화를 나누며, 죽음이 인간의 삶에서 피할 수 없는 부분임을 많은 사람들이 수긍하도록 만드는 것은 세상에 굉장히 이로운 일을 하는 것이나 다름없다. 죽음을 이야기한다고 해서 죽음이 찾아오는 것도 아니고, 선천적 기형아를 낳는 것과도 관계가 없으며, 부종이나 시력 손실, 체중 증가 및 감소에 영향을 미치는 것도 전혀 아니다. 오히려 '회피'의 단계를 벗어남으로써 삶을 더욱 건강하게 살아갈 수 있게 될 것이다.

모범을 보여라

타인을 위해 무언가를 한다는 것은 언제나 기분 좋은 일이다. 대부분의 경우, 우리는 실제 사례를 통해 깨우침을 얻는다. '백 마디 말보다 행동이 중요하다'고들 하지 않는가. 죽음을 앞둔 사람들은 중환자실에서 기계에 의지해 두렵고 외로운 모습을 보이는 것보다, 집에서 평온하고 사적인 환경 속에서 죽음을 맞이하는 모습을 보여줌으로써 사람들에게 훨씬 나은 기억을 남길 것이다. 좋은 죽음, 지혜로운 죽음의 기준을 당신이 몸소 보여주는 것이다. 자신의 몸에 귀를 기울이고, 품위 있게 죽음을 맞이하며, 남은 사람들을 위해 실용적인 준비는 물론 진심이 느껴지는 배려까지 더한다면, 실제로 수많은 사람들에게 큰 도움을 주는 것이나 다름없다. 좋은 선례를 남기는 죽음에 대해서는 추후에 자세히 다루겠지만, 중요한 내용인 만큼 여기서 짧게나마 언급하고자 했다.

누군가 나를 지켜본다고 생각할 때 나도 모르게 큰 용기가 나기도 한다. 그리고 실제로 사람들이 당신의 죽음을 지켜보고 있다. 나쁜 것만은 아니다. 그러나 한편으로는 다른 사람의 생각에 지나치게 신경 써서는 안 된다! 당신이 원하는 방식대로 살고, 원하는 방식대로 죽음을 맞이하는 것이 중요하다.

좋은 사람이 되어라

군이 말하지 않아도 될 정도로 너무나 당연한 명제이다. 그러나 중요한 문제인 만큼 다시금 생각해보는 자리를 마련했다. 좋은 사람으로 살았다면 죽는 것이 조금은 수월하지 않을까? 적어도 노력했다면? 살면서 잘했던 일을 스스로 대견해하는 시간을 갖는다면 죽음이 좀더 편안해지지 않을까? 본인의 과오를 돌아보고 잘못을 바로잡으려 노력한 삶이라면? 평온한 죽음은 얼마나 좋은 인생을 살았는가 하는 문제와 연결돼 있다.

사람은 나이가 들수록 더 훌륭해지거나 혹은 더욱 고약해진다는 이야기를 들은 적이 있다. 세월의 흐름에 따라 더욱 친절하고 자애로운 사람이 되지 않는다면, 무언가 잘못된 것이다. 내가 겪어본 대부분의 사람들은 나이가 들수록 온화하게 변해갔다. 세월이 흐를수록 우리는 점점 판단과 비교, 추측과 싸움에서 멀어져 간다. 대신, 세상을 더욱 나은 방향으로 살아가려고 노력한다. 심리적으로 안정되고, 사회적인 책임을 다하며, 환경을 사랑하고 우아하게 삶을 살아가야 한다는 것을 깨닫게 되는 것이다. 좋은 사람이 되려면 어떻게 해야 하는 걸까? 자기 자신이 자랑스러울 수 있는 사람으로 나이 들어가기 위해 지금부터 노력해야 한다.

그런 의미에서 나는 아주 기본적인 사항을 적어서 붙여두었다.

최대한 선행을 많이 하고,

최대한 나쁜 행동은 금한다.

공허한 삶을 원한다면 자신을 생각하고,

충만한 삶을 원한다면 타인을 생각하라.

아래 질문을 통해 자신을 되돌아보고 삶을 새롭게 다지며, 아직
시간이 있을 때 무엇을 해야 할지 생각해보자.

· **당신이 한 일 가운데 가장 자랑스러운 일은 무엇인가?**

· **당신이 세상에 행한 선행으로 일어난 변화가 있는가?**

· **지금부터 바꿔나가고 싶은 것들은 무엇인가?**

죽음 준비에 대한 마지막 한마디

드디어 끝났다! 스스로를 마음껏 칭찬해주기 바란다. 아직 머나먼 이야기인 죽음을 면밀하게 파헤치는 과정은 두렵고 슬프며 어려웠을 테니까. 그러나 이제는 죽음 앞에 전보다 준비된 상태라고 느낄 것이며, 최후의 순간에 이르렀을 때 더욱 신중하고 침착한 결정을 내릴 수 있을 것이다.

솔직히 나는 기본을 지키고 그것에 충실한 삶을 사는 것과는 거리가 먼 사람이다. 성인군자 같은 사람인 척하고 싶진 않다. 나는 준비라는 것을 무척 싫어한다. 오히려 제인 오스틴의 말에 아주 오래전부터 깊이 공감하던 팬이다. "준비, 어리석은 그 준비! 준비만 하다가 잃어버린 시간이 얼마나 많은가!" 나는 바로 본론으로 뛰어드는 스타일이다. 물이나 침낭 없이 산 속에서 길을 잃는 등 굉장히 고생했던 적도 많고, 이런 경험을 통해 준비가 필요하다는 것을 비싼 대가를 치르며 깨달았다. 준비는 마음의 평화를 불러온다. 이 책을 읽는 독자라면 내 말에 동의할 확률이 높다. 어느 정도의 통제력과 위안도 준비를 했을 때 찾아오는 것들이다.

나는 죽음을 준비하는 것이 여행 준비와 같다고 여겼다. 우선 여행티켓, 비자, 숙소 등 중요한 것들을 챙겨야 한다. 그 후에 치약과

살충제 같은 사소한 물건을 챙긴다. 이렇게 해야 여행을 제대로 떠날 수 있을 뿐 아니라, 즐거운 여행으로 만들어 나갈 수 있다. 비행기를 놓치기 직전이라 준비 시간이 넉넉지 않을 때는 급하게 마구잡이로 챙기고 떠날 수밖에 없다. 만약 시간이 충분하다면 옷도 바로 차곡차곡 개어 넣고, 빠진 것은 없는지 재차 확인하며 깔끔하게 여행 가방을 꾸릴 수 있을 것이다.

그래서 이 책을 준비했다. 나는 죽음을 준비하는 데 헌신이 필요하다는 것을 깨달았다. 누군가는 "죽음을 준비할 시간이 없어요! 일이며, 아이들이며, 빨래며 지금의 제 삶을 유지하는 것만으로도 바쁘다고요."라고 말할 수도 있다. 이 부분에 대해서는 나 역시 전적으로 동의하는 바다. 하지만 누군가 내게 "세상에, 너무 바빠서 사랑할 시간이 없어요."라고 말한다면, 특히나 갑자기 사랑에 빠질 수밖에 없는 상대가 눈앞에 나타난 상황이라면, 나는 "무조건 시간을 내요, 이 아가씨야!"라고 말할 것이다.

죽음을 준비하는 과정은 당신의 삶과 사랑에 빠지는 것과 같다. 당신 자신이 바로 사랑할 수밖에 없는 대상이다. 그러니 하루에 단 몇 분의 시간이라도 자신에게 내어주자. 당신의 미래에 찾아올 이 아름다운 순간에 관심을 기울여보자.

아름답고 우아한
마지막 순간을 위해

이 꼭지는 정말 죽음에 가까운 사람들을 위한 내용을 담고 있다. 따라서 앞서 소개했던 과제와 질문, 활동들을 실행에 옮길 시간이 충분하지 않을 것이다.

정말 '그때'가 오면 멋진 모습으로 마지막 순간을 맞이하기 위해 기억해야 할 몇 가지 사항이 있다. 당신의 혹은 당신이 사랑하는 사람의 마지막 순간이 가까워 올 때, 아래의 글을 그대로 옮겨 침대 옆에 놓아주면 어떨까.

"죽음은 스스로 행해질 테니, 마음을 편히 하라."

물론, 본능적으로 그래야 한다는 생각이 든다면 딜런 토마스^{Dylan} ^{Thomas}의 말, "분노하라, 빛의 소멸에 맞서 분노하라."에 따르는 것이 맞다. 하지만 그 이후에는 저항을 멈춰라. 마음을 편히 하라. 죽음에게 모든 것을 맡겨라. 다행히도 미리 연습했다면, 호흡에 집중하고 마음의 평정을 찾아갈 수 있을 것이다. 굳이 생각해보지 않아도,

죽음 앞에서 내가 가장 피하고 싶은 모습은 발을 구르며 비명을 지르는 것이다. 잔뜩 긴장하고 두려움에 떠는 모습 말이다.

억지로 애쓸 필요도, 애쓰지 않을 필요도 없다는 점을 항상 기억하려고 노력하라. 죽음은 자신이 해야 할 일을 마땅히 할 것이다. "죽음은 스스로 행해질 테니, 마음을 편히 하라."는 구절은 불교적 관점에서 죽음을 바라본 앤드류 홀레체크$^{Andrew\ Holecek}$의 명강의와 저서에서 인용한 것이다.

포용적 환경을 만들어라

포용적 환경을 만들어야 한다. 이는 감정, 자세, 태도, 행동으로 만들어지는 공간으로, 우리가 강하고, 침착하며, 자신감 넘치고, 차분하며, 안정된 상태를 유지할 수 있는 환경을 말한다. 또한 우리가 미지의 세계로 향한다는 사실을 이해하는 공간이기도 하다. 익숙한 세상을 떠나야 한다는 것 때문에 죽음이 힘들어진다. 이 세상에서는 어떤 일이 벌어지고, 어떻게 흘러갈지 알고 있다. 그러나 이 세상의 다음에 펼쳐질 세계는 완전한 미스터리다! 이 세상과 작별할 수밖에 없는 우리의 운명을 이해하고, 그 운명을 유연하게 받아들여야 한다. 포용적 환경 속에서 우리는 스스로에게 혹은 자녀의 두 눈을 올려다보며 "그래, 이 정도면 떠날 수 있겠어."라고 말할 수 있다.

최후의 생각이 가장 중요하다. 만트라를 외워라

마지막 순간에 하게 될 생각이 뭐가 그렇게 중요하냐고? 불교에서는 임종 직전의 마음가짐을 상당히 중요하게 여기는데, 마지막 순간 혹은 마지막에 내뱉는 말이 우리의 내세 혹은 환생을 결정짓고, 평생 해온 모든 것들이 쌓여 다음 운명을 결정한다고 믿는다. 사실 불교에 대해 잘은 모르지만 그저 마지막 순간에 좋은 생각을 하고 싶을 뿐이다. '젠장, 나는 죽기 싫다고!'라는 생각을 하고 싶지는 않다. 내게 위로가 되는 무언가를 말하거나 떠올리고 싶다.

마지막 순간이 오면 죽음 만트라를 외길 바란다. "평화" 혹은 "옴 마니 반메훔". 아니면 단순히 "사랑"이란 말이라도.

죽음 앞에서는
죽음을 기다리는 사람이 되어라

기분 좋은 날에는 좋은 사람이 되기가 얼마나 쉬운가? 그러나 몸이 아프거나, 일진이 사나운 날이면 행복하고 유쾌한 상태를 유지하기 힘들다. 명상 강사들은 이렇게 말한다. "철저하게 병자가 되어라." 혹은 "철저하게 좌절하라." 의런 의미에서, 죽어가는 순간에는 완벽하게 죽음을 기다리는 사람으로 머물러야 한다. 삶에서 멀어지고 있을 때는 생명이 충만한 인간이 되려고 해선 안 된다.

빠스^{paz}, 피스^{peace}, 뻬^{paix}

평화, 평화, 평화. 이후, 당신에게, 내게 그리고 모든 이에게 펼쳐질 것이 평화이길 바란다. 천국일 수도 있고, 어둠일 수도 있고, 무無일 수도, 어쩌면 이 모든 것일 수도 있다. 무엇이든 다만 평화롭길 바랄 뿐이다. 그간 고생했다.

마지막 순간에 다다른 몸의 변화

신체 온도가 1도 이상 내려간다.

혈압이 낮아진다.

맥박이 불규칙해지고, 느려지거나 빨라질 수 있다.

땀을 많이 흘린다.

혈액순환이 원활하지 못하기 때문에 피부색이 변한다. 입술과 손발톱 바로 아래 피부가 창백하고 푸르스름하게 변해가는 것을 확인하게 된다.

아마도 가장 눈에 띄는 변화가 호흡인 만큼, 명상과 호흡에 집중한다면 임종 순간에 가장 큰 도움이 될 것이다.

죽음이 다가오고 있다는 것을 인지하고 있다면, 몸에서 느껴지는 변화를 조금 더 담담히 받아들일 수 있을 것이다.

"두려움 외에는 두려워할 것이 없다"는 루스벨트의 말은 데이비드 소로의 말을 인용한 것이다. 그리고 소로의 말은 프랜시스 베이컨의 명언 "두려움 그 자체 외에는 두려울 것이 없다"에서 파생된 것으로 알려져 있다.

죽음을 마무리하며!

나는 완연한 중년의 나이에 접어들었고, 내가 아는 한 아직은 건강한 상태이다. 그럼에도 내가 죽게 될 거란 사실은 변함이 없다. 암 혹은 교통사고, 질병 때문일 수도 있고, 당근을 먹다가 질식하거나 물에 빠져 죽을 수도 있고, 오랫동안 병상에 누워 있을 수도, 눈 깜짝할 새 떠나게 될 수도 있다. 어찌 되었든 암흑의 순간이 찾아올 것이다. 잘 알고 있다. 이러한 명백한 명제는 내 인생의 커다란 골 칫거리였고, 특히나 죽음이 곧 나를 덮칠 거라고 느껴졌을 때는 견 딜 수 없었으며, 나는 오만하게도 인간의 피할 수 없는 운명을 받아 들이고 싶지가 않았다. 전혀 준비가 되어 있지 않았다. 그렇다고 나 는 죽음에 초연해질 수도 없고, 다른 데로 시선을 돌릴 수도 없었 고, 차마 모른 척할 수도 없었다.

그래서 내 최후의 순간을 평온하게 만들어줄 한 수련회에 참가 하기로 마음먹었다.

요가에서 시체 자세를 의미하는 '사바사나의 힘'이라는 이름의 주말 수련 일정이었는데, 그 이름이 마음에 들지 않았다. 나는 수련회의 이름을 '죽음과 친구하기' 혹은 '죽음 준비 입문 과정'으로 마음대로 바꿔 불렀고, 기분이 좋을 때는 내 머릿속에서 리처드 시몬스(다이어트 강사이자 방송인. 넘치는 에너지로 큰 인기를 끌었던 인물—옮긴이)와 비슷한 남성이 파이팅 넘치는 목소리로 "지금 당장 시작하세요!"라고 구호를 외치는 모습을 연상하기도 했다. 후에 알고 보니 수련회의 타이틀은 죽음을 평온하게 받아들이는 방법을 의미하는 것이었다.

나는 콜로라도의 산 속, 불교 수련원인 샴발라 센터^{Shambhala Center}에서 열리는 이 행사에 참여하는 데만 의의를 두기로 했다. 다른 사람들을 만나고 관찰하는 것만으로도 성과가 있을 거라고 생각했다. 물론 진짜로 무언가를 깨닫는다면 좋겠지만, 아니더라도 그저 죽음을 평온하게 받아들이는 척이라도 해보자는 심산이었다. 나는 늘 '원하는 것을 이룬 것처럼 행동하면 진짜 이루게 된다'는 것을 믿는 사람이었다.

그 행사에서 어떤 일이 벌어지게 될지 조금도 예측할 수 없었다. 자신의 죽음을 연습하는 사람들이 아주 극소수라는 것만은 확연하게 알 수 있었다. 역시나, 부활절 주일에 돈을 써가며 죽음을 마주하고 싶었던 사람은 여섯 명뿐이었다. 각자 참석 이유에 대해 밝혔을 때 내가 한 대답처럼, 내가 이곳에 온 이유는 당당한 태도와 평온한 마음과 얼마간의 용기를 품은 채 죽음을 마주하고 싶었기 때문이다. 다른 말로 표현하자면, 나는 죽음이 두렵고, 두렵고, 또 두려웠다. 그리고 더 이상은 두려움에 떨고 싶지 않았다.

조금씩 차이는 있었지만, 결국 다른 사람들 역시 나와 같은 이유로 이곳에 온 것이었다. 며칠간 우리는 자리에 앉아 죽음을, 구체적으로는 우리 자신의 죽음과 두려움에 대해 명상했다. 죽음에 동반되는 육체적 고통을 상상하고, 죽음의 순간 우리에게 찾아올 감정과 중요한 사람들을 뒤로하고 떠나야 하는 현실을 받아들이는 것이 명상의 주요 내용이었다. 하지만 명상이 길어지자 나는 강사가 우리를 그냥 이곳에서 죽일 심산이 아닐까 하는 생각이 머릿속에서 떠나지 않았다. 사실 죽음을 준비하는 방법 따위는 없는 게 아닐까 하고 의심했다.

마지막 날 밤에는 너무도 지친 나머지 명상은커녕 명상 비슷한 것을 하는 척도 할 수가 없었다. 명상을 할 시도조차 하지 않았다. 그저 창밖을 내다보았다. 구불구불한 산을 따라 내려앉은 달빛, 작은 새 한 마리가 종종거리며 뛰는 모습, 우뚝 멈춰선 사슴 한 마리 같은 것을 바라보았다. 하늘이 어둑어둑해지더니 땅거미가 내려앉았고, 이내 짙은 어둠이 깔렸다. 초에 불이 켜졌고, 실내는 침묵에

잠겼다. 나는 탈진 상태로 의식이 희미해져 가는 가운데 이런 생각이 들었다. '그래, 어쩌면 이렇게 죽음으로 향하는 게 아닐까.' 극도의 피곤함에 지친 나머지 뭘 어찌해볼 생각조차 들지 않는 것. 실제로 몇몇 사람들은 이렇게 죽음을 맞이할지도 모른다.

드디어 움직여도 된다는 지시가 떨어졌다. 자신의 삶에 굿바이 편지를 쓰기 위해서였다. 그리고 가장 마지막에는 죽음의 순간에 놓인 내 자신에게 하고 싶은 말을 적어야 했다.

내가 두 개의 편지에 써놓은 글을 보자니 약간 놀랍기도 했다. 내 글에서는 분노와 삐딱함이 묻어났다. 대략 이런 식이었다. "내 인생이, 죽음이 어떻게 흘러가게 될지 알려줄 조그만 신호도 놓치지 않으려고 항상 귀를 기울이고 안테나를 바짝 세웠지만, 우주는 아주 작은 불빛조차 보내지 않았고, 때문에 혼자 무척이나 외로웠으며, 이게 얼마나 거지같은 상황인지 누구든 좀 알아줬으면 좋겠어." 그러나 울적한 마음을 달래기 위해 데이비드 소로의 임종의 순간을 떠올렸을 때는 즐겁기도 했다. 생각만 해도 항상 기분이 좋아지는 일화였다. 소로가 죽기 전 누군가 그에게 "창조자와 화해했습니까?"라고 묻자, "그 분과 제가 싸웠는지 몰랐습니다!"라고 답했다고 한다.

그러고 난 뒤, 우리는 죽음을 맞이했다. 아니, 그룹 내 무작위로

선발된 파트너와 짝을 이뤘다. 내 파트너였던 여든다섯 살의 할머니는 요가 매트 위로 자리를 잡았다. 할머니의 손을 잡고 그녀가 남긴 글을 읽은 후, 얼굴 위로 담요를 덮어주었다. 내가 '죽음의 그랜드 피날레'라고 이름 붙인 순간이었다. 우리는 죽음을 연습하고 있었다. "나중에 죽으면" 같은 식의 연습이 아니라, "지금 죽어가고 있다"를 온 몸으로 최선을 다해 실천하고 있었다. 나는 파트너가 죽는 모습을 지켜봤고, 곁에 앉아 오랜 시간 침묵을 지켰고, 그녀의 죽음을 슬퍼했다.

이제 내 차례였다.

나는 자리에 누워 마음을 가다듬었다. 파트너가 내 손을 잡고 눈을 바라보며 내가 쓴 글을 읽어주었다. 나는 아주 오랜 시간 동안 죽음을 읽고, 생각하고, 응시한 채로 살아왔다. 그간 얻은 깨달음이 뼛속부터 빛을 발휘할 순간이었다. 내가 준비해온 순간이 드디어 왔다! 나는 로라의 영혼에게 마음을 다해 안녕을 고할 준비를 마쳤다.

파트너는 내 얼굴 위로 담요를 덮었다. 처음에는 긴장이 되었다. 무거운 담요 아래서 숨을 쉬기가 어려웠기 때문이다(이 자리에 모인 사람들을 죽일 또 다른 장치였다!). 그 날 오전 강사는 사람은 나이가 들어가며 뼈의 밀도가 낮아지고 피부가 얇아지기 때문에 물리적으로 가벼워진다는 말을 했었다. 하지만 형이상학적인 관점으로 본다면 우리는 점점 무거워진다. 살아오며 겪은 슬픔과 상실이 우리의 마음과 생각을 짓누르니까.

실제 나는 가볍고 공허해진 동시에 죽음으로 귀결될 수밖에 없는 내 운명과 내 삶, 내 자아와 바람들, 내 이야기와 사랑에 발이 묶인 듯했다. 무중력의 상태로 위로 떠오르는 성질과 중력이 아래로 끌어당기는 힘 사이에서 내 자신이 둘로 쪼개질 것 같은 느낌이었다. 놀랍게도, 그 힘에 못 이겨 실제로 괴로운 듯 신음소리를 냈다.

나는 남은 힘을 모아 집중하려고 노력했다. 그러자 정말 그 순간이 왔다는 생각이 들었고, 며칠간의 명상으로 지친 덕분에 정말 죽음이 다가왔다고 믿는 지경에 이르렀다. 그 순간, 곱슬머리에 무릎까지 오는 양말을 신은 리처드 시몬스가 튀어나와 "당신은 할 수 있어요!"라고 응원의 말을 외쳤다.

'장난해? 지금 이 순간에? 꼭 이래야겠어? 사라져요, 리처드 시몬스!'

나는 눈을 꼭 감으며 다시 집중하기 시작했다. 몇 번이나 더 시도한 끝에 그의 잔상을 떨칠 수 있었다. 무릎까지 오는 양말과 꽃무늬 반바지가 죽을 만큼 싫었던 걸까? 그 많은 사람들 중에 왜 하필 그가 튀어나와 응원을 했는지 모를 일이었다.

마침내 짙은 어둠에 잠긴 밤, 그 방에서 담요 아래에 누워 눈을 감고 있자 오롯이 슬픔만이 느껴지기 시작했다. 살고 싶은 의지를 담은 환한 빛이 느껴진 탓에 더욱 슬펐다.

내가 '죽음의 글'이라고 이름 붙인 편지를 파트너가 읽기 시작하자 눈물이 흘렀다. 나는 정말이지 죽고 싶지 않았다. 그녀는 내게 항상 기쁨을 주었던 것들을 소리 내어 읽었다. 마운틴 마호가니(북미 지역의 장미과 나무-옮긴이)의 나선형으로 꼬인 잎사귀, 파랑새, 가족 농장, 아들의 두 눈, 딸아이의 미소, 멋진 사랑과 인연이 만들어 낸 몇몇 아름다운 순간들……. 파트너는 마지막 문장에 이르렀다. "이제 당신 앞에 펼쳐질 세상은 피터팬의 말처럼 '굉장히 거대한 모험'이 될 것이다! 답을 찾아 헤매는 과정은 정말로 가치 있는 것이었다. 당신은 고개를 당당히 들고, 시선을 피하지 않았다. 이 여정에서 가장 중요한 것은 바로 그러한 태도였다. 침착하라. 용기를 가져라. 평온하라."

나는 숨을 들이마시고 내쉬었다. 거대한 침묵으로 고막이 찢겨 나간 것만 같았다. 손끝과 뼛속에서 심장박동을 느꼈다. 온몸 곳곳에서 심장이 고동치는 것이 느껴졌다. 나는 얇아지고 가벼워졌고, 더욱 가벼워지다 또다시 무거워졌다. 그러고는 더 이상 아무것도 느낄 수 없었다. '이것이 내 마지막 숨이야, 이것이 마지막이야' 이런 생각이 들었다. 나는 뼈도, 피부도, 생각도 아니었다. 나는 이제 로라가 아니었다. 깊은 슬픔이 내 몸을 강타했고, 죽음에 저항하며 거대하고 실제적인 고통이 봇물처럼 터져 마음이 아파왔다. 그렇게 오래 준비해왔음에도 내가 죽을 거라는 그 명백한 사실 하나로 이토록 슬픔에 짓눌리게 되다니, 당황스러웠다.

나란 사람이 죽음의 기술을 깨우치기 위한 첫 걸음을 내딛었을 뿐인데, 내게는 연습 이상의 무척 중요하고도 감동적인 경험이었다. 나 자신과 나누는 최후의 대화를 그려볼 수 있었다.

굿바이, 로라. 안녕.

부디 평온하길.

용기를 가져.

너의 숨결에 귀를 기울여. 네가 느낄 가장 마지막 그 숨결에…….

요약정리

"삽질할 시간이 다가오고 있어." 몸이 심하게 아팠던 친구 한 명이 농담을 한 적이 있다. 죽지는 않았지만, 그의 유머와 긍정적인 태도는 나를 웃게 한 동시에 울게 만들었다. 하지만 정말로 언젠가는 그를 위해, 우리 모두를 위해 삽질을 해야 할 때가 올 것이기에, 무덤을 파야 할 그 때가 오기 전에 우리가 해야 할 일을 아래 정리해두었다.

• 생각해야 할 일

어떻게 떠나고 싶은지 선택하라. 당신에게 좋은 죽음이란 무엇인가?

뜻대로 상황이 펼쳐지지 않을 때를 대비한 대안은 무엇인가?

당신은 어떤 믿음을 갖고 있는가?

• 해야 할 일

죽음 만트라를 만든다.

죽음을 연습한다.

죽음에 익숙해진다.

집도 마음도 깨끗이 비우고 정리해둔다.

자신의 삶을 기념하는 장식장이나 앨범을 만든다.

사람들과 죽음에 대해 이야기하고, 죽음을 일상적인 대화의 소재로 삼는다.

현재의 삶에 모범을 보인다.

• 글로 남겨야 할 사항

당신의 삶에게 굿바이 편지를 작성한다.

윤리 유언장을 작성한다.

남겨질 사람들에게 따뜻한 말을 전한다.

• 찾아야 할 사항

함께할 수 있는 친구. 친구가 아니라도 도움을 주고받을 수 있는 사람. 죽음 카페를 고려해볼 수도 있다!

마지막 순간 느끼고 싶은 향과 듣고 싶은 소리.

당신이 자부심을 느끼는 것, 당신의 삶을 아름답고 훌륭하게 만든 것.

2장

타인의 죽음
준비하기

《향연^{Symposium}》에서 플라톤은 인간의 삶에서 가장 훌륭한 특권 중 하나가 타인의 영혼이 탄생할 수 있도록 산파 역할을 하는 것이라고 밝혔다. 플라톤의 지혜는 죽음과도 맞닿아 있다. 인간의 삶에서 훌륭한 특권 또 하나는 바로 죽음에 이르는 길을 안내하는 산파가 되는 것이다.

대부분의 사람들은 아버지나 어머니, 배우자, 할아버지나 할머니 혹은 친구 등 자신이 사랑하는 누군가를 잃는 경험을 한다. 이 책을 읽고 있는 독자 중에는 현재 누군가가 죽어가는 과정을 곁에서 지켜보고 있는 사람도 있을 것이다. 환자가 싸움을 계속할 수 있도록 도왔지만, 이제는 조금 지쳐 있는 상황일 수도 있다. 어쩌면 이제는 상대방을 보내줄 준비가 되었는지도 모른다. 현재 어떤 상황이든, 죽음은 결국 정해진 운명이므로 타인의 죽음 앞에서 도움이 될 만한 몇 가지 조언을 전하고자 한다.

2장에서는 의학적 관점을 다루지 않을 예정이다. 죽음이 임박했을 때 환자가 겪는 신체적 변화와 증상은 호스피스 관련 도서에서 자세히 설명하고 있고, 해당 분야의 전문가들도 무척이나 많다. 유족의 슬픔에 대한 상담은 심리학자와 테라피스트가 쓴 책에서 밀도 있게 다루고 있다. 앞으로 나올 리스트는, 이 책의 기본 방침대로, 죽음 앞에서 우리가 해야 할 행동 지침이자 마음의 평화를 얻는 방법으로 이해해주길 바란다. 도움이 필요한 타인에게 손길을 내밀 때 마음에 새겨야 할 지혜를 모아놓은 실용적이고 진심 어린 조언이다.

누군가 죽는다니!
내가 뭘 해야 하는 거야?

생애 말기는 의학과 생물학, 문화, 윤리, 희망, 절망, 그리고 법적 문제가 공존하는 안개 자욱한 무인지대와 같다. 물론 삶과 죽음이 만나는 곳이기도 하다. 현재 이 안개 속에서 다른 누군가를 이끌어야 하는 상황이라면 부디 조심하길, 그리고 당신 스스로에게 너그럽기 바란다. 수많은 위험과 장애물이 놓여 있고, 온갖 일이 벌어지는 그 곳에서는 당신 또한 전쟁 통에서 군인들이 겪는 심한 불안 상태와 비슷한 신경증을 겪게 될 확률이 높다.

내가 읽은 여러 책과 글귀, 참여했던 모임을 통해 타인의 죽음 앞에서 우리는 '의지할 수 있는 손님'이 되어 '포용적인 환경을 만들어야' 한다는 것을 깨달았다. 쉬이 동요하지 않고, 든든하며, 환자에게 차분한 환경을 제공하고, 도움을 주는 역할을 수행하는 것이 우리의 목표이다. 누군가의 죽음을 지켜보는 상황 속에서 우리는 환자의 마음을 편안히 해줄 수 있는 사람이자, 환자가 격식을 차리거나 신경 쓰지 않아도 되고, 필요한 순간 반드시 곁에서 나타나

도움을 줄 수 있는 존재가 되어야 한다.

이렇게 모든 이의 마지막 순간에 곁에 의지할 수 있는 손님이 함께하길, 그리고 모든 이가 누군가의 의지할 수 있는 손님이 되어주길 바란다.

의지할 수 있는 손님의 역할,
포용적인 환경을 만드는 방법

곁에 있어주고
이야기를 들어주어라

우리가 할 수 있는 가장 최선은 그저 곁에 있어주는 것이다. 함께하라. 직접 방문하는 것도 좋고, 전화나 편지를 쓰는 것도 좋다. 이 기본적인 일 외에도 죽어가는 사람에게, 혹은 그렇지 않다 해도 누군가에게 해줄 수 있는 최고의 선행은 진심을 다해 이야기를 들어주는 것이다. 특히나 허락된 시간이 얼마 남지 않은 이 시기에는 이야기를 들어주는 자세가 무척 중요한데, 여기서 듣는다는 것은 건성건성 "어, 어, 그래." 하는 식이 아니라, 적극적이고 에너지 넘치게 경청하는 태도를 뜻한다. 죽어가는 사람은 별 쓸데없는 이야기를 하고 싶어 하기도 하고, 혹은 심리적·육체적 변화나 통증 등의 무거운 이야기를 할 때도 있다. 우리는 이들의 말을 진심을 다해 들어주고 능동적으로 응답해주어야 한다.

부정, 분노, 협상, 우울, 수용이라는 죽음의 다섯 단계를 유념해야 한다. 각 단계가 하나의 목표나 종착점이 아닌 과정일 뿐이라는 것을 염두에 두어야 한다. 어쩌면 각 단계를 거치는 동안 당사자가 의식하지 못하는 경우도 있는데, 이들이 전 단계로 돌아가길 반복하거나 "왜 하필 나야?" 단계나 "아니야, 이건 거짓말이야.", "그랬더라면 좋았을 텐데…." 등의 힘든 단계를 거칠 때마저도 곁에서 함께해줄 수 있어야 한다.

죽음을 앞둔 사람이 말을 하고 싶어 할 때 "쉿" 하고 대응하고 싶은 충동을 참아내는 것이 중요하다. 여동생은 구급차에서 응급구조사로 일한 경험을 통해 죽어가는 사람에게 "쉿"이라고 말하는 것이야말로 최악의 반응이라는 것을 깨달았다고 했다. 동생의 동료들은 항상 이렇게 말했다고 한다. "쉿, 이제 안심하세요.", "쉿, 이제 괜찮아요. 다 괜찮아졌어요." 물론 이런 말 덕분에 병원에 도착할 때까지 환자가 침착함을 유지할 수도 있겠지만, 동생에게는 이런 응대가 일종의 책임을 회피하는 행동처럼 느껴졌다. 동생은 이렇게 소리치고 싶었다고 말했다. "아니요, 하나도 괜찮지 않아요! 사람이 죽어가고 있잖아요! 이 사람이 말 좀 하게 두라고요!" 물론 환자를 진정시키는 것이 중요하지만, 이들에게는 정말 남기고 싶은 말이 있을 수도 있다. 어쩌면 아들의 친아빠가 우편배달

부일 수도 있고! 자신이 저지른 살인사건 때문에 무고한 사람이 복역 중일 수도 있다! 물론 이 사례들은 농담이지만, 우리가 임종의 순간에 가장 깊고 어두운 비밀을 털어놓지 못한다면 도대체 언제 할 수 있단 말인가? 잣대를 드리우지 않고 순수하게 경청하는 것만으로도 우리는 죽음 앞에 놓인 상대에게 큰일을 해주는 거라고 생각한다.

한편, 대화를 나누기 좋은 시간대는 언제인지 살펴야 한다. 아침이나 오후가 좋을지, 치료 전 혹은 후가 나을지 고려해야 한다. 마땅히 무슨 말을 해야 할지 모르겠다면 아래의 소재로 대화를 시작하는 편이 좋다.

- 지금 보고 있는 것에 대해 말한다.
  ("어쩐지 불편해보여요. 베개가 너무 눌려 있는 것 같은데요? 베개를 좀 만져드릴까요? 뭐 필요하신 건 없나요?")
- 지금 상황을 그대로 인식한다.
  ("주사는 참 별로예요. 아프실 것 같아요.")
- 환자와 함께 현실을 직시한다.
  ("의사의 말을 듣고 어떠셨어요?")
- 당신이 함께하고 있음을 상기시킨다.

("저, 여기 있어요. 항상 생각하고 있어요. 제가 있잖아요.)

대화를 나누어라

　상대방의 말을 경청하는 것 뿐 아니라 함께 대화를 나누는 것도 좋다. 삶을 되돌아보며 추억을 나누고, 해소해야 할 문제를 풀고, 더 이상 해결할 수 없는 문제에 대해서는 인정을 해야 할 때이다. 미처 마무리 짓지 못한 결정을 내리고, 마치지 못한 숙제를 끝내야 한다.

　《오늘이 가기 전에 해야 하는 말The Four Things That Matter Most》에서 저자 아이라 바이오크Ira Byock는 반드시 해야 하는 말로 "용서해줘", "용서할게", "사랑해", "안녕" 이 네 가지를 꼽았다. 대화를 시작할 때도 마무리 지을 때도 쓰기에 적합한 말들이다.

　만약 무슨 말을 해야 할지 모르겠다면 "무슨 말부터 해야 할지 모르겠어요.", "요즘 어떠세요?" 등 예, 아니오로 답할 수 없는 주관식 질문으로 시작하는 것이 좋다. 환자가 대화의 주도권을 쥘 수 있도록 해야 한다. 남의 이야기를 듣기보다는 자신의 이야기를 하고 싶을 수도 있고, 말을 하기보다는 듣고 싶어 할 때도 있으니 환자가 원하는 대로 대화가 흘러가도록 하는 것이 중요하다.

설사 우리의 목소리를 들을 수 없는 상황이라도 환자는 우리의 얼굴 표정을 읽고, 억양을 감지하며, 우리가 보여주는 사랑과 존중, 따뜻한 보살핌을 느낄 수 있다는 것을 명심해야 한다.

죽음에 대해 대화하라

진실이 힘을 발휘하는 때이다. 죽음을 듣기 좋게 치장하거나 앞으로 벌어지지 않을 일처럼 숨길 필요는 없다. 우리가 죽음에 저항할수록 당사자의 거부 또한 커지게 되고, 결국 스트레스를 높이는 결과만 낳는다. 죽음이 다가오고 있다는 사실을 부정하며 거짓말을 해봤자 이 죽음에 관련된 모두가 외로워질 뿐이다.

당사자가 원치 않는다면 굳이 강요해서도 안 되지만, 죽음에 대해 솔직한 대화를 나누는 것이 도움이 될 때가 많다. 그런데 나는 여러 글을 통해 "금지된 죽음"이란 용어를 수차례 접했다. "금지된 죽음"이란 죽어가는 사람이 우리의 시야 밖으로 밀려나고, 애도는 사적이고 비밀스러운 영역으로 귀속되며, 각 개인이 홀로 외로운 존재가 되고, 이 모든 과정이 고독한 상황 속에서 진행된다. 별로 좋아 보이지 않는 광경이다.

대부분의 사람들은 '죽음 현저성(사람들이 죽음의 이미지에 노출되었을 때 평소보다 극단적인 판단과 행동을 보이는 경향-옮긴이)'을 갖고 있다. 그러나 우리는 결국 죽게 된다는 것을 모두 알고 있다. 그것을 알고 있다고 두려움과 고통이 덜어지는 것은 아니지만, 그나마 줄일 수 있는 방법은 죽음을 자꾸 입 밖으로 꺼내는 것이다.

나는 죽음에 대한 공포증이 있었고, 죽음에 가까워졌다는 생각이 들 때마다 공포는 커져만 갔다. 그러나 이제는 죽음과 나의 관계가 완전히 달라졌다. 나는 죽음을 상대로 한 싸움을 멈췄다. 누구든 보일 때마다 붙잡고 죽음에 대한 이야기로 수다를 떨었기 때문이다. 이런 대화야말로 삶은 선명하게, 죽음은 무디게 만든다고 나는 진심으로 믿고 있다. 죽음을 두려워하며 산다면, 죽음의 순간에도 두려움에 떨게 될 터이다. 죽음에 대해 말하지 못하고 산다면, 죽음의 순간에도 그 죽음을 감히 입에 올리지 못할 것이다. 좋은 친구들과 삶을 공유하고 내면의 나약한 모습도 보여줄 수 있다면, 죽음의 순간에도 당당해질 수 있다.

끝으로, 누군가 죽어가고 있다면 당사자에게 그 사실을 밝혀야 한다. 자신이 죽게 된다는 사실을 아는 것보다, 죽게 될지 어떨지 마음을 졸이는 편이 더욱 고통스럽다. 하지만 이 순간에도 타인의 희망을 앗아가서는 안 된다. 항상 기적은 일어나는 법이니까.

인간이라 고통받을 수밖에 없는
실존적 불안마저도 받아들여라

  죽음을 앞둔 환자들이 느끼는 신체적인 고통과 심리적 · 정서적 고통에 진정으로 공감하기란 매우 힘든 일이다. 우리에게는 비현실적인 일이기 때문이다. 고통은 타인과 공유할 수 없다. 찌르는 혹은 타는 듯한 고통, 질병, 두려움, 메스꺼움 등 무엇도 공감하기 어려운 것들이다. 다만 노력할 뿐이다. 우리가 할 수 있는 최선은 곁에서 도움의 손길을 내밀고 보살펴주는 것이다. 약간의 상상력이 필요하지만, 상상력이야말로 인간에게 주어진 가장 강력한 힘 중 하나라고 생각한다. 또한 우리의 자아를 내려놓을 줄 알아야 한다는 의미이기도 하다. 사랑하는 사람이 현재 어떤 상태인지 함부로 추측하는 것은 큰 실수이다. 상대에게 물어보고 경청하고 공감하기 위해서는, 다시 말해 완벽히 곁에서 함께해주기 위해서는 겸손함을 갖춰야 한다.

  사실 바쁘게 돌아가는 현대 사회에서 누군가를 상실하는 경험은 때로 어떤 의미에서는 인생의 선물이 되기도 한다. 바쁜 일상의 와중에 다른 누군가를 돌보기 위해 자신의 모든 책임을 한순간에 내려놓는 것은 거의 불가능하다. 그러다 갑자기, 우리가 사실 주어진 삶을 사랑하고 있다는 것을, 죽어가는 저 사람을 사랑한다는 것을, 이별하고 싶지 않다는 것을, 우리의 시간이 한정되어 있다는 것을 실감하게 되는 순간과 마주한다. 이 압도적인 감정을 도무지 감당해낼 수 있을까? 다만, 우리의 삶에 찾아올 실존적 불안을 받아들이고 이 시간에 온전히 충실한다면, 사랑하는 사람도 조금 더 편안한 죽음을 맞이할 수 있고, 우리 스스로도 상실을 진정으로 슬퍼하는 법을 배울 수 있을지 모른다.

환자의 치료와 통증 완화를 위해 목소리를 내어라

죽음을 앞둔 사람에게는 대변인이 필요하다. 내가 극한의 통증으로 고통받을 당시 나는 제대로 생각을 하거나 무언가를 요구하는 것조차 버거웠고, 환자에게는 대변인이 필요하다는 생각을 절실히 하게 되었다. 죽음을 눈앞에 두지 않은 사람은 환자보다 비교적 명확하게 사고할 수 있고 큰 그림을 내다볼 줄 아는 여유가 있는 만큼, 환자가 진정 원하는 것이 무엇인지 찾아갈 수 있도록 곁에서 도움을 주어야 한다.

만약 환자가 이 책과 비슷한 종류의 책을 읽었다면 대변인의 역할은 한결 쉬워진다. 어떤 경우라도 의사 혹은 당신이 원하는 것에 대해 생각하지 말고, 반드시 환자가 원하는 것을 최우선으로 삼아야 한다는 점을 분명히 하고 싶다. 다들 그렇게 하니까, 의사가 권고하기 때문에 반드시 남들과 같은 길을 갈 필요는 없다. 죽어가는 환자가 원하는 것을 따라야 한다.

대변인의 역할을 잘 수행하기 위한 한 가지 방법으로, '해결책 있음'과 '해결책 없음'으로 나누어 목록을 작성하는 것이 있다. '해결책 있음'으로 분류된 리스트는 다시 중요도에 따라 순위를 선별하고, 대변인으로서 무엇을 해줄 수 있을지 생각해보는 것도 좋다. 가령, 암은 해결책이 없지만, 모르핀을 맞으며 바닷가 가까이에서 죽음을 맞이하는 것과 같은 방법을 시도해볼 수는 있다.

죽어가는 과정은 고속도로 위를 운전하는 것과 비슷하다. 여행의 기간을 줄이고 싶을 때, 특히 앞으로 펼쳐질 도로가 지나치게 거칠고 험하다면 고속도로 옆에 난 출구를 택할 수도 있다. 출구를 제안하는 일종의 '엄격한 사랑'은 결코 무정한 태도가 아니다. 오히려 무정함과는 거리가 멀다. 스스로 자신의 경로를 정할 수 있도록 죽음을 앞둔 환자에게 각 경로의 장단점을 제대로 알려주고, 만약 환자가 선택을 어려워한다면 그 사람이 가장 원하는 게 무엇인지 찾아갈 수 있도록 이끌어야 한다.

환자가 정신적 고통에 시달리지 않고
평안한 상태를 유지할 수 있도록 목소리를 내어라

신체적 통증만 있는 것은 아니다. 환자의 신체적 고통을 줄였다 해도 (자존감에 상처가 나거나, 타인에게 의지해야만 하는 처지에서 비롯된) 실존적 고통은 삶을 괴롭게 만든다. 이런 고통에 시달리는 환자를 위해 우리부터 최대한 마음을 편안하게 가져야 환자 역시 편안한 상태를 유지할 수 있다. 긴장과 두려움은 상대에게 쉽게 전염되고 만다.

우리는 환자가 내면의 평화를 찾을 수 있도록 도와야 한다. 나와 이야기를 나눈 사람들 가운데 대다수가 이 책에 나온 질문에 대한 답을 찾아가며 얼마간의 안정을 얻을 수 있었다. 가령, "사후 시신을 어떻게 하고 싶은가? 장례식이나 추도식은 어떻게 진행하길 원하는가?" 등의 이야기를 환자와 나눠볼 수 있다. 또, 환자가 있는 곳으로 이들이 키우는 반려동물을 데려올 방법을 찾아보는 것도 좋다. 환자를 행복하게 해줄 방법이 무엇인가? 어떤 꽃이나 향기, 사진, 음악 등 환자가 좋아하는 것을 제공할 수 있는가? 발 마사지를 해줄 수 있는가? 집이든 병원이든, 환자가 머무는 곳에 위안을 전해줄 만한 물건을 진열하는 것도 좋은 방법이다.

어쩌면 당사자와 함께 부고장을 미리 작성할 수도 있다. 누구에게 먼저 연락해야 하는지 함께 생각해보는 시간을 갖는 것이다. 환자가 내려놓는 법을 깨달을 수 있도록 해야 한다. '수용'에는 여러 단계가 있고, 우리가 생각하는 수용과 죽음을 앞둔 환자가 생각하는 수용의 지점이 다를 수 있는데, 이 때 우리는 용기를 내어 환자가 생각하지 못한 선택지를 제시할 줄 알아야 한다. 내려놓는 것은 사랑이 부족해서가 아니라, 오히려 한층 성숙한 사랑임을 잊어서는 안 된다.

한 가지 명심해야 할 것이 있다. 진정한 평안은 거짓말로 얻을 수 있는 것이 아니다. 환자의 마음이 편안했으면 좋겠다는 바람은 이해하지만, 진실을 숨겨선 안 된다. 환자가 '부정'의 단계에 있을 때 함께 동조하는 것은 그다지 좋은 방법이 아니다. 환자가 "병을 얼른 떨치고 하와이에 갈 날만 기다리고 있어!"라고 말한다면 "얼

른 하와이에 갈 수 있으면 좋겠어요!"라고 말하며 세심함과 공감력
이 떨어지는 대답을 하기보다는, 하와이의 어떤 점이 좋은지 물어
보는 편이 낫다. 정직한 희망과 정직한 진실은 다른 이야기다.

죽어가는 이 앞에서
자신의 두려움을 숨겨라

살다 보면 더 이상 자신의 감정을 앞세우기 어려운 순간이 있다.
성숙한 사랑이란 내가 아닌 상대방이 바라는 것을 우선시하는 것
이다.

우리는 죽음보다 삶에 대해 이야기하는 것이 훨씬 쉬운 세상
에 살고 있다. 운동! 건강주스! 영양제! 두뇌 게임! 새로운 치료법
의 등장! 이런 주제가 우리에게 훨씬 편한 이유는 행간 속에 미래
를 향한 의지가 담겨 있기 때문이다. 그런데 갑자기 친구들과 죽음
을 논해야 하는 순간이 찾아왔다. 두려운 일이다. 그럼에도 우리는
자신의 슬픔과 공포를 죽어가는 환자에게 드러내지 않도록 주의를
기울여야 한다.

환자가 있는 병실의 문을 열기 전에 우선 자기 자신부터 추슬러

야 한다. 얼굴에 미소를 띠어라. 따뜻함과 사랑이 배어나오도록 자신을 준비시켜야 한다. 죽음을 앞둔 사람의 외양이 몰라볼 정도로 달라질 수 있기 때문에 당황한 모습을 보이지 않으려면 다른 친구나 요양사에게 미리 환자의 현재 상태가 어떤지 물어보는 것이 좋다. 눈물범벅으로 얼굴이 엉망이거나 긴장으로 온몸이 굳어 있다면 복도나 건물 밖에서 최대한 마음을 진정시켜야 한다. 당신의 용기 있는 모습은 어쩌면 환자에게 줄 수 있는 마지막 선물이 될 수도 있다. 이 사람이 아프기 전에 어떤 사람이었는지, 당신에게 어떤 의미였는지를 다시금 마음에 새기고, 그 의미가 당신의 눈과 마음을 통해 전해질 수 있도록 해야 한다.

자신의 종교는 잠시 접어두어라

죽어가는 환자의 문화적, 종교적 믿음을 존중하는 것은 상당히 중요한 일이다. 같은 종교라면 몰라도, 환자가 요구하지 않는 이상 죽어가는 사람 앞에서 자신의 믿음을 강요해서는 안 된다. 종교나 영적 믿음은 지극히 개인적인 영역이므로 자신이 해줄 수 있는 마지막 선물로 환자의 믿음을 존중하는 모습을 보여야 한다. 예컨대

나는 불교에 마음을 두고 있지만, 내가 엄마 집에 방문했을 때 엄마가 심장마비로 바닥에 쓰러져 있는 모습을 본다면 나는 주님의 기도와 성모송을 외울 것이다. 그것이 엄마에게 평안을 가져오리란 것을 알기 때문이다. 나는 나와 신앙이 같은 친구들에게 내 추도식을 일임하고, 이 과정에서 엄마의 권한이 없음을 밝히는 문서를 준비해두었다. 엄마 역시 자신의 추도식을 계획, 진행하는 데 나를 배제하길 바란다는 글을 작성했는데, 나는 조금의 불만도 없다. 불교가 내게 무척 긍정적인 영향을 (아마도 가장 큰 영향을) 끼쳤지만 내가 죽음을 맞이할 때 누군가 '사자의 서'를 읽어주길 바라진 않는다. 엄마의 기도도 싫지만, '사자의 서' 역시 내가 원하는 것은 아니다. 우리는 죽어가는 사람의 믿음을 적극 지지해주어야 한다.

여담이지만, 우리 같은 X세대는 종교적인 임종 절차를 따르긴 해도 스스로 종교가 없는 경우가 많다. 기존의 종교에 공감하는 사람의 수가 매년 감소하고, 무신론의 입장을 취하는 사람은 꾸준히 늘어가고 있다. 더욱이 신의 존재에 얽매이지 않고 특정한 종교적 색채를 띠지 않는 장례식을 치르고 싶다는 요청이 약 80퍼센트에 이른다.[2] 그렇다고 해서 종교를 갖고 있는 부모님 세대가 돌아가실

2   https://www.salon.com/2014/08/03/we_must_consider_gaza_images_its_ok_to_wonder_about_the_lives_of_the_dead_it_makes_us_human_and_it_makes_us_understand/

때 자신의 신념을 설파해도 된다는 의미는 아니다. 다만, 죽음을 앞둔 당사자를 위해 그들의 믿음이 무엇이든 존중하는 자세를 보여야 한다는 뜻이다.

마사지나 친밀한
신체적 접촉을 활용하라

전문 마사지사의 능력을 갖춰야 하는 것은 아니다. 환자의 몸을 어루만져주면 좋다는 것은 알지만 쇠약해진 몸을 다치게 할까봐 두렵기도 하고, 몸에 연결된 각종 튜브가 꺼려져 감히 손을 대지 못할 때가 많다. 그러나 친밀한 신체적 접촉은 죽어가는 환자의 기분을 좋게 해줄 뿐 아니라, 혈액순환을 원활히 하고, 욕창을 방지하며, 통증을 경감시키는 효과가 있다. 이와 관련한 전문 서적들이 시중에 많지만, 이 책은 단기 특강을 위한 요약본인 만큼 몇 가지 기본적인 원칙을 소개하고자 한다.

• 조급한 마음을 버려라. 우선 본인부터 마음을 편안하고 차분히 해야 한다.

- 환자의 옆에 앉아 손을 잡아준다.
- 환자에 대한 좋은 감정을 떠올리고, 규칙적으로 호흡한다.
- 조심스럽게 환자의 몸에 손을 올린다. 죽음을 앞둔 환자의 피부는 무척 연약할 수 있으므로 환자가 얼굴을 찌푸리진 않는지 확인하고 부드럽게 만진다. 가볍게 쓰다듬는 정도가 가장 이상적이다. 손으로 전해지는 감각에 따라 마사지하라.
- 환자가 대화를 나눌 수 있는 상태라면 현재 기분이 어떤지 확인한다.
- 가능하다면 몸과 마음을 이완하는 테크닉을 활용한다. 바닷가 혹은 강의 모습과 물소리를 묘사하고, 환자가 자신의 신체에 공기와 모래, 물이 닿는 촉감을 상상하도록 한다.
- 마사지를 마친 후에도 긍정적인 감정이 몸 안으로 흡수되고 신체적 변화가 작용할 수 있도록 자신의 손을 잠시 동안 환자에게 가만히 올려둔다.

죽음이 언제든 찾아올 수 있다는 것을 항상 기억하라

환자와 함께하고 싶은 일이나 환자에게 하고 싶은 말을 미루지 않는다. 아직 시간이 많이 남아 있다고 생각해선 안 된다. 또한, 환자가 원하는 것이 무엇인지 직접 말하도록 유도해야 갑자기 죽음이 찾아왔을 때 남겨진 사람들이 어쩔 줄 모르는 상황을 방지할 수 있다.

마지막 순간에 할 말을 연습하라

이미 눈치 챘겠지만 나는 연습의 힘을 신봉하는 사람이다. 또한, 사랑하는 사람이 죽음을 맞이하는 순간에 그저 우물거리거나 진심을 전할 수 있는 마지막 기회를 놓치고 싶은 사람은 아무도 없을 거라고 생각한다. 그러니 미리 생각해두자. 이런 말을 하고 싶을 수도 있다. "내가 곁에 있어. 사랑해. 보고 싶을 거야. 죽음은 삶의 일부니까, 편안히 떠나렴. 잘 가." 혹은 "절대로, 단 한 순간도 잊지 않을게."라고 말할 수도 있다. 어쩌면 "그저 편히 쉬세요."라고 말할 수도.

호스피스 관계자와 다수의 의사들은 환자가 의식이 없는 상태라도 소리는 어느 정도 들을 수 있다고 말한다. 그러니 한 공간에 있을 때는 무례하거나 나쁜 말을 하지 않도록 주의를 기울이고, 평화롭고 따뜻한 이야기를 들려주어야 한다.

죽음을 앞둔 이의
신체적 징후에 대비하라

나이 든 환자나 죽음을 앞둔 이를 돌보는 것을 어린 아기를 돌보는 것에 비교하는 사람도 있다. 글쎄, 이거야말로 최악의 비유가 아닌가 싶다. 위생과 관련해서는 아이가 어른보다 훨씬 관리하기 쉽고 걱정할 부분도 적다.

죽음은 굉장히 지저분하고 역겹고 악취가 나는 일이다. 인간의 몸이 어느 정도까지 달라질 수 있는지를 생각하면, 내 경험에 비춰보아도 무척 두려운 일이 아닐 수 없다. 영화 〈애정의 조건Terms of Endearment〉에서 데브라 윙거는 죽는 순간에도 비록 슬픈 얼굴이었을지언정 맑은 정신으로 빛나는 모습을 잃지 않았고, 영화 속 모든 장면이 아름다웠다. 하지만 실상은 이와 다르다. 할리우드에서는 죽음을 정직하게 보여주지 않는다.

대부분의 사람들은 죽음에 가까워지면 체구가 왜소해진다. 안색이 창백해지고, 머리카락은 가늘어지거나 빠진다. 잠은 많이 자지만, 먹거나 마시는 양은 줄어든다. 의식 수준이 변화의 단계를 거치고, 불안함을 느끼기도 하며, 호흡이 힘들어지고 거칠어지다 결국 '가래 끓는 소리death rattle(죽어가는 환자의 호흡기에서 나는 소리로 임종이머지않았음을 알리는 징후이기도 하다-옮긴이)'를 낸다. 침을 삼키기가 어려워 뱉어내고, 대소변 문제가 발생하기도 하며, 몸에서 좋지 않은 냄새가 나기도 한다. 죽음은 쉬운 일이 아니다! 비꼬는 말이 아니다. 인간의 몸은 활동을 멈추기까지 여러 과정을 거친다. 따라서 따뜻한 눈빛과 다정한 미소를 지니고 얼굴에 불편함을 드러내지 않는 것이 중요하다.

시간이 모든 상처를 치유하진 못하지만, 마음챙김은 상처를 치유할 수 있다

틱낫한의 선불교 수행 공동체에 소속되어 있는 한 비구니 스님이 어떤 수련원에서 말씀을 전한 적이 있다. 비록 그 분의 성함은 잊었지만 그 분이 한 말씀은 절대로 잊지 못할 것 같다. 너무도 당연하지만 쉽게 따르기 어려운 말이었다. 비구니 스님께서는 이렇게 말했다. "시간이 모든 상처를 치유하진 못합니다. 어리석은 바람이죠! 분노와 슬픔은 시간이 흐를수록 깊어지기 마련이니, 오히려 시간이 상황을 악화시키는 때가 많습니다. 곪아버린 분노와 슬픔은 우울과 불안으로 이어집니다. 자신의 감정을 응시하고, 충분히 느끼고, 바로 마주하고, 또 놓아주는 과정을 통해서만 상처를 치유할 수 있습니다."

당시 나는 소중한 사람을 잃고 큰 상실감에 젖어 있었다. 시간이 흐르면 해결될 거라 믿었기 때문에 무작정 그때가 오기만을 기다리고 있었다. 그런데 스님의 말씀은 내 생각을 완전히 뒤바꿔놓았고, 당시의 내 진짜 감정이던 슬픔을 온전히 느끼고 인정하는 계기가 되었다.

이미 너무나 잘 알고 있지만, 우리는 삶에서 벌어지는 많은 일들을 통제할 능력이 없다. 다만 어떻게 반응하느냐는 우리의 손에 달렸다. 스님의 이야기를 들은 후, 내가 그토록 슬퍼하던 그 죽음의 원인이 내게 있었던 것이 아니라는 점 또한 깨달을 수 있었다. 한 생명이 죽음을 맞이하는 것은 우리의 책임이 아니다. 그러나 병원에서 어떤 선택을 내려야 할 때가 오면 우리는 타인을 죽음에 이르게 했다는 죄책감과 마주하게 된다. 하지만 사실이 아니다. 삶의 자연스러운 흐름에 죽음이 포함되어 있을 뿐, 누구의 잘못도 아니다.

원한다면 시신 곁에 머물 수 있다

환자가 죽고 난 후 사람들에게 소식을 알리기 전, 잠시 시간을 가져도 된다. 죽음이 벌어진 후에는 더 이상 긴급히 처리해야 할 일은 없다. 원하는 만큼 시간을 갖기 바란다. 죽은 자와 잠시 시간을 보내고 싶어 할 사람들에게 연락하는 것도 가능하다. 어느 정도 예기된 죽음이었고, 집에서 죽음을 맞이했다면 시신을 바로 옮겨야 할 필요도 없다. 요양원이라면 관계자들과 상의 후 결정할 수 있다. 물론, 결국에는 사망 진단서를 발부하기 위해 의사나 호스피스 간호사 등 권한이 있는 사람이 '사망 선고'를 하는 과정을 거쳐야 한다. 그러나 서두를 필요는 없다. 만약 고인이 이 책과 비슷한 종류의 책을 읽고 서류를 작성해두었다면, 당신은 사망 소식을 누구에게 전해야 할지 알고 있을 테고, 장례식과 추모식은 이미 준비가 된 상태일 테니, 언제든 마음의 준비를 마쳤을 때 장의사에게 연락해 고인을 옮길 수 있다. 단! 죽음에 의문점이 있는 상황이라면 즉시 119를 불러야 한다. 죽은 후 시신이 오래 방치되면, 수사를 진행해야 할 경우 난감한 상황에 빠질 수도 있다.

권력 다툼을 예상하라

죽음 앞에서 누가 무엇을 결정할지를 놓고 거대한 권력 다툼이 벌어지는 것을 수차례 목격했다. 물론 다들 자신의 의견이 최선이라고 생각하기 때문이라는 건 이해하지만, 많은 사람들이 굉장히 이기적이고 독선적으로 변해갔다. 이런 순간이 닥치면 각자의 진짜 성격이 여실히 드러난다. 예컨대, 아버지가 돌아가셨을 때 아주 사소한 문제로도 다툼이 발생했다. 아버지의 동기간 중 한 분은 환기를 시켜야 한다며 창문을 열고 싶어 했지만, 또 다른 분은 창문을 닫고 싶어 했고, 어떤 분은 노래를 부르려고 했지만, 어떤 분은 라디오를 켜려고 했다.

이런 다툼을 해결할 최선의 방법은 모르지만, 최소한 그 곳에 모인 사람들의 요구나 주장보다 죽음을 앞둔 환자의 요구가 가장 우선시되도록 해야 한다는 것만은 분명하다. 죽어가는 사람에게는 몇 가지 기본적인 권리가 있다. 질문에 솔직한 답변을 들을 권리, 가능할 때 직접 의사결정을 내릴 권리, 건강한 정신을 지닌 섬세한 사람들에게 돌봄을 받을 권리, 개인의 취향을 존중받을 권리 등이다. 주변 상황을 환자의 관점에서 보도록 최선을 다해 노력해야 한다. '뭘 해야 하지?'라고 생각하지 말고 '저 분은 내가 뭘 하길 원하실까?'라고 생각해야 한다.

자신에게 따뜻하게 대하라

　죽음의 책임이 당신에게 있는 게 아니라는 점을 명심하기 바란다. 당신이 누군가를 죽게 만든 것이 아니다.

　또한 멋지고 완벽한 죽음은 그리 많지 않지만, 이 정도면 좋은 죽음이라고 여길 만한 죽음은 있기 마련이다. 우리가 이곳에서 하는 모든 노력은 완벽한 죽음이 아닌, 좋은 죽음을 맞이하기 위함이다. 만약 죽음을 앞둔 이가 집에서 죽고 싶어 했는데 그렇게 해주지 못했다고 해서 무언가 나쁜 죽음이 되는 것은 아니다. 우리가 환자의 곁에서 함께하며 편안하게 해주려 노력하는 것만으로도 충분하다.

　아직 준비가 되지 않은 어떤 선택을 내려야만 하는 상황에 놓일 수도 있다. 지독한 피로감을 느끼게 될 것이다. 한 가지 명심해야 할 것은, 고인뿐 아니라 우리 자신의 삶도 중요하다는 점이다. 누군가의 죽음으로 한 사람의 삶이 희생되어선 안 된다. 누군가를 떠나보내고 나면 많은 이들이 비슷한 걱정을 한다. 너무 많은 것을 혹은 너무 부족하게 베푼 것은 아닐까? 죽음이 너무 이르게 혹은 너무 늦게 찾아온 것은 아닐까? 그러나 이런 질문들은 하루 빨리 머릿속에서 떨쳐야 한다. 당신은 아마도 자신이 할 수 있는 최선을 다했을 것이다. 대신 이런 질문을 떠올려라. 이제 내 자신을 위해 무엇을 해야 할까? 휴식? 장기간의 휴가? 유족 카운슬링 받기? 당신은 그간 희생이라는 굉장히 멋진 선물을 타인에게 해주었다. 이제는 자신이 선행을 했다는 뿌듯함을 마음껏 누릴 때이다.

'죽음'을 대신할 수 있는 표현

이 책을 집필하는 과정에서 많은 사람들이 "죽은" 혹은 "죽음"이란 말을 대신해 아래와 같은 표현들을 사용한다는 것을 발견했다. "죽음"이라는 단어에 문제가 있는 것은 아니지만, 굳이 그 단어를 쓰지 않고도 다양한 방법으로 표현할 수 있다.

편안한 곳으로 가셨어요.
저 먼 곳을 향해 야간 기차에 올랐어요!
편히 잠들어 계세요.
날개를 다셨어요.
천국에 계세요.
천사가 되셨어요.
하느님 곁에 계세요.
삶의 짐을 벗어 던지셨어요.
마지막 커튼콜을 받으셨어요.
삶을 마감하셨어요.
이제는 우리와 함께 계시지 않아요.
땅 속에 묻히셨어요.
병마를 이겨내지 못하셨어요.
떠나셨어요.

단어 선택에 유의해야 한다. "포기"나 "플러그를 뽑다"보다는 "자유롭게 해드렸다" 혹은 "자연의 순리를 따랐다"고 말할 수 있다.

음악의 역할:
죽음의 문턱에서 듣는 노래

이 책을 집필하며 음악 혹은 침묵이 사람들에게 얼마나 중요한지, 얼마나 큰 의미를 갖는지를 깨닫고는 무척 놀랐었다. '임종 도우미 합창단Threshold Singers'을 들어봤는가? 간단히 말해, 임종을 앞둔 환자를 위해 노래를 불러주는 사람들이다. 이 얼마나 아름다운 사람들인가! 삶과 죽음의 문턱에 있는 사람들을 위해 노래를 부르는 아카펠라 합창단이 있다는 이야기를 처음 들었을 때, 살면서 들어본 것 중에서 가장 특이한 봉사활동이라는 생각이 들었다. 나는 이런 자원봉사를 하는 사람들을 만나보고 싶었고, 이후, 가까운 합창단에서 활동하는 여성을 한 명 찾을 수 있었다. 레슬리 브라운은 출판인이자 명상을 하는 사람으로, 죽어가는 이들을 위해 노래하는 합창단 활동을 포함해 다양한 종류의 봉사와 선행을 하고 있었다.

레슬리와 함께 나무 아래에 앉아 그녀의 남자친구가 만들어준 복숭아 파이를 먹으며 물었다. 어떻게, 왜 임종 직전의 사람들에게 노래를 불러주게 되었나요?

그녀의 합창단에는 총 열두 명의 단원이 있다고 했다. 합창단이 노래를 불러주길 원하는 개인이나 호스피스 의료진이 전화로 "최후의 순간이 왔다."고 알리면 단원들에게 연락이 전달된다고 했다. 환자의 위치에 따라서 그리고 당장 일터에서 나올 수 있는 사람이 누구인지에 따라 보통 세 명에서 다섯 명의 단원이 요청에 응답한다. 사실 병실 특성상 공간이 협소할 뿐 아니라, 너무 많은 사람들이 노래를 부르면 지나치게 웅장하고 위협적으로 느껴질 수 있기 때문에 작은 규모의 합창단이 적합하다. 대부분의 노래가 3화음 구조로 되어 있고 돌림 노래가 많다 보니 세 명이 가장 이상적인 팀이다. 노래는 환자의 취향에 따라 구성되지만, 대부분이 취향을 타지 않는 보편적인 노래로 준비되어 있다. 허밍으로만 이뤄진 노래가 나올 때도 있다. 합창은 보통 30분 가까이 이어진다. 임종 도우미 합창단이 한 번만 방문할 때도 있고 여러 차례 방문하게 될 때도 있다고 했다.

"매번 상황이 달라요." 그녀는 이렇게 말했다. 그녀가 가장 좋아하는 분위기는 대략 이런 식이라고 전했다. 임종을 앞둔 환자는 조용하고, 은은한 조명의 병실에 누워 있고, 그 곁은 가족 한 명만이 지키고 있다. 합창단이 엄숙하게 방에 들어가 노래를 부르고 병실을 나온다. 군더더기 없고 아름다운 모습이다. 호들갑스러운 상황도 없다. 간병인은 단원들과 대화를 나누거나 감사 인사를 해야 하는 의무감도 느끼지 않는다. 단원들은 어떤 상황이 벌어져도 의연하게 받아들인다. 대가족이 모두 병실에 함께해 공간이 부족할 때도 있다. 어떤 때는 노래를 듣던 환자가 잠에 빠지기도 한다. 청중이 졸아도 가수가 불쾌하게 받아들이지 않을 유일한 상황이다. 레슬리는 "저희는 칭찬으로 생각해요!"라고 말했다. 또, 환자가 집에 있는 경우도 있고, 요양 시설에 머무는 경우도 있다. "어떤 상황이든 목적은 같아요. 환자가 편안히 떠날 수 있도록 평온한 환경을 제공하는 거죠."

따뜻한 마음을 지닌 합창단의 목소리에 힘을 얻는 것은 비단 임종을 앞둔 이만은 아니다. 힘든 시간 속에서 여러 가지 일에 신경 쓰느라 바쁜 가족들과 의료진에게도 위로가 된다. 게다가 레슬리는 그 같은 합창이 그녀 자신에게도 많은 도움이 되었다고 말했다. "내적으로 많이 성장할 수 있었어요. 사실 정말 새로운 경험이잖아요."

노래는 죽어가는 사람, 노래를 부르는 사람, 환자의 가족들, 병원 관계자들 모두에게 큰 힘을 준다. 공동체에도 마찬가지이다. 레슬리에게 가장 큰 울림을 주었던 일 중 하나는 비극적으로 죽음을 맞이한 10대 소녀의 곁에서 사흘간 머물던 때였다. 공동체가 함께 소녀의 죽음을 극복해가고자 가족과 학교 친구들이 모두 모였다. 사람들은 소녀의 시신이 안치된 건물로 들어가 인사를 나눴고, 바깥 잔디밭에는 수많은 사람들이 모였으며, 합창단원은 고인이 다른 세계로 향한 문턱을 넘는 그 순간에 자리해 노래를 불렀다. 마지막 순간에는 단원들이 안으로 들어가 고인의 주변을 돌며 노래를 불렀다. 소녀는 학교 친구들이 장식한 관에 누워 있었다. 그녀는 이렇게 말했다. "사람이 죽으면 어떻게 되는지 잘 몰라요. 그 소녀의 영혼이 그때 곁에 있었는지 어떤지 잘 모르겠어요. 하지만 10대 학생들에게 친구의 죽음을 숨기지 않고 추모식에 참석할 수 있는 자리를 마련해준 것은 분명 훌륭한 일이었다고 생각해요. 그리고 우리의 노래가 이들에게 좋은 영향을 끼쳤다는 것을 제가 직접 보고 느낄 수 있었어요."

한편 임종을 마주한 환자들을 자주 만나다 보면 죽음에 대한 진솔한 감정을 마주하기가 한결 편안해진다고도 했다. 죽음을 자주 접할수록 죽음을 향한 깊은 혐오감이 옅어지고, 죽음이 점점 덜 두렵고 덜 낯선 무언가로 달라진다는 이야기를 정말 많이 들었다. 합창단 리허설 때 단원 한 명이 누워 임종을 앞둔 환자 역할을 한다는 이야기는 정말 멋지고 아름답게 느껴졌다. 이보다 더 훌륭한 연습이 어디 있을까! 레슬리도 동의했다. "명상 수행이기도 해요. 심장은 아직도 힘차게 뛰고 숨도 쉬고 있지만, 죽어가는 환자의 심정이 어떨지, 죽음이라는 미스터리, 삶의 덧없음, 미지의 세계, 자연의 섭리에 대해 명상하고 온 몸으로 느끼는 것과 같죠."

레슬리는 자신에게 선택권이 있다면 본인의 마지막 순간에도 임종 도우미 합창단이 노래를 불러주었으면 좋겠다고 했다.

자원봉사를 해보면 어떨까?

요양 시설이 우울하다는 것을 모르는 사람은 없다. 한번쯤은 누

소리에 관하여

사람이 죽을 때 가장 마지막까지 남아 있는 감각은 보통 청각이다. 그런 연유로 몇몇 사람들은 음악과 소리를 '다른 세계'로 향하는 경계 혹은 다른 세계와의 연결 매개체로 중요하게 생각한다. 터무니 없는 믿음은 아니다. 'Threshold(문턱, 한계란 뜻-옮긴이)'는 라틴어 리멘Limen에서 파생된 liminal(경계의, 한계의-옮긴이)과 같은 의미이다. 통과의례 의식의 단계 중에는 한계의liminal 혹은 과도기threshold 단계가 있다. 과거의 역할이나 지위를 벗어났지만 완전히 변화되지 못한 상태를 뜻한다.

임종 도우미 합창단은 세계적인 조직으로 뉴욕, 파리, LA, 오하이오 등에 150개의 지부가 있고, thresholdchoir.org에 방문하면 전체 목록을 확인할 수 있다. 이들은 자신을 생사의 문턱에 있는 사람들을 위해 노래하는 아카펠라 합창단 모임으로 소개한다.

군가 "아, 그런 데 가기 싫어!"라는 말을 들었거나, 직접 그런 말을 한 적이 있을 거다. 괜히 에둘러 말할 필요는 없다. 훌륭한 직원들이 최선을 다해 자신의 소임을 다하지만, 그럼에도 요양 시설은 힘든 곳이다. 꽃다발이나 예술작품을 선물로 가져가고, 안내견을 대동해 방문하고, 혹은 그저 찾아주는 것만으로도 큰 선물이 되는 곳이다. 이곳에서는 음악 역시 큰 위안이 되는데, 만약 당신이 코드를 연주할 줄 알거나 노래를 잘 부른다면 자원봉사를 하기에 적합하다.

아버지가 돌아가셨을 당시 음악의 힘이 얼마나 위대한지 몸소 깨달았다. (아버지는 집에서 임종을 맞이하셨지만 앞서 몇 주간은 요양시설에 계셨다.) 가족들은 각자 상황에 따라 시차를 두고, 솔직히 말하자면 서로 마음이 맞는 가족과 시간을 맞춰 아버지를 방문하곤 했는데, 그 날은 유독 가족 중에서 음악에 조예가 깊은 사람들이 모여 아버지를 뵈러 가게 되었다. 우리는 아버지의 병실로 가서 아버지를 어루만지고, 이야기를 나누고, 그러고는 (이 책에서 가장 중요한 덕목은 솔직함이니 편하게 말하자면) 굉장히 무료해졌다. 시간이 무척 더디게 흐르는 순간이 있는데, 바로 그 날이었다. 분위기를 살려보고자 여동생이 자리에서 일어나 식당 구석에 먼지가 뒤덮인 채 방치되어 있던 피아노를 연주하기 시작했다. 그때, 앞으로 평생 잊지 못할 만큼 놀라운 일이 벌어졌다. 환자들이 식탁을 벗어나 피아노 쪽으로 몰리는 소동이 벌어졌고, 동생이 연주를 멈추려 하자 모두들 반대 의사를 내비쳤다. 그것도 매우 강력하게! 동생이 피곤해졌을 땐 다른 사람들이 연주를 이어갔다. 대단한 열기였다.

주변 사람들의 얼굴이 한층 밝아진 모습을 지켜보는 것은 큰 기쁨이었다. 얼마 지나지 않아 내 옆에 있던 한 여성은 과거 자신이 피아노 연주를 하던 시절의 이야기를 내게 들려주었고, 다른 여성한 분은 노래를 했으며, 거의 모든 사람들이 박자에 맞춰 손가락이나 발을 까딱거렸다. 그 이후로, 우리는 아버지를 방문할 때마다 음악을 연주했다.

저 너머에 있는 누군가에게 노래를 불러준다는 것은 쉬운 일이 아니다. '노래를 불러준다'는 의미가 의료적 처치, 대화, 경청, 대변인 역할 혹은 병실에 들어서기 전 복도에서 혼란스러운 마음을 잠재우는 것을 포함한다면 말이다. 타인의 죽음을 함께하는 과정에 그다지 아름다운 상황이 펼쳐지지 않는다 해도, 당신이 그 순간 곁에 있어주는 것은 분명 더없이 아름다운 일이다. 다른 세상을 향해 문턱을 넘어서는 환자를 위해 우리가 조금이라도 할 수 있는 일을 간략하게 정리했다.

• 해야 할 일

곁에 있어준다.

이야기를 들어준다.

시간이 허락할 때 가능한 한 대화를 많이 나눈다.

정직한 모습을 보인다.

환자의 대변인으로서 의료적 처치에 목소리를 낸다.

환자의 대변인으로서 통증 완화를 위해 목소리를 낸다.

환자의 영적, 정서적 고통을 줄여준다.

환자에게 위로가 되는 물건, 이미지, 향 등을 준비한다.

죽음을 앞둔 이의 신체적 징후에 대비한다.

마지막 순간에 할 말을 연습한다.

음악을 적절히 활용한다.

자신에게 너그럽고 따뜻하게 대한다. 최선을 다해 자기 자신을 돌본다.

• **특별히 유의할 사항**

자신의 두려움과 슬픔을 환자에게 지우지 않는다.

자신의 종교를 강요하지 않는다.

죽음이 먼 일처럼 굴지 않는다.

거짓말하지 않는다.

죽음을 혹은 자신이 바랐던 대로 흘러가지 않은 일을 자신의 탓으로 돌리

지 않는다.

• **생각해야 할 일**

고인의 시신과 얼마나 오랫동안 머물 것인가?

누가 시신을 처리할 것인가?

시신을 어떻게 처리할 것인가?

누구에게 어떤 순서로 부고를 전할 것인가?

장례 절차를 어떻게 분담할 것인가, 누가 어떤 일에 적합한가?

부고장을 준비한다.

장례식을 준비한다.

고인의 법적, 재정적 서류가 보관된 장소를 파악한다.

3장

환자와 의료인,
양쪽에서 바라본 죽음

내가 이 책을 쓰는 동안 의사, 요양사, 호스피스 관계자는 물론이고, 죽음을 앞두고 있거나 죽음을 이겨낸 사람들, 그리고 아예 모르는 사람들로부터도 얼마나 많은 이야기를 들었는지 모른다. 사람들은 내게 이메일을 보내고, 페이스북에서 메시지를 보냈으며, 길을 가던 중에도 나를 불러 세워 이렇게 물었다. "웰 다잉에 대한 책을 쓰고 있는 분 맞죠?" 몇몇 친구들은 나와 함께 다닐 때면 죽음을 마주치지 않기가 힘들다는 농담을 했다. 내가 들은 모든 이야기가 특별하고 아름다웠지만 그 이야기를 모두 담는다면 이 책은 어마어마한 두께가 되었을 것이다.

나는 수많은 사람들 가운데 특별한 통찰력으로 의학계의 이야기를 들려줄 두 명을 선별했다. 한 명은 20대 때 죽음의 문턱에 섰던 통증 관리 전문가로 많은 이들의 죽음을 지켜본 사람이고, 또 다른 한 명은 태어난 지 얼마 안 되어 낭포성 섬유증 진단을 받고 수십 번이나 죽을 고비를 넘긴 이다. 두 사람 모두 나와 비슷한 나이대로 그 누구보다 특별한 경험과 이야기를 지닌 사람들이다. 둘 다 내 친구인 터라 비속어를 섞은 그야말로 솔직한 이야기를 들을 수 있었다.

케이터스의 이야기

로라 케이터스^{Laura Katers}는 워싱턴 대학 메디컬 센터^{University of Washington Medical Center}에서 입원 환자를 대상으로 통증 관리 치료를 담당하면서 교육 강사로도 활동하고 있다. 그녀는 직업적인 특성상 죽음을 앞둔 환자와 오랜 시간을 함께하는 경우가 많다. 그녀가 속한 통증 관리 팀은 복잡한 통증 기전을 보이는 환자들만을 돌보는데, 만성 통증, 암 통증, 신경계 질환을 포함해 우리의 몸에서 벌어질 거라고는 상상도 못한 생소한 종류의 통증이 이에 속한다. 보통 그녀는 환자들이 무리 없이 생활할 수 있도록 돕는 일을 하지만, 가끔은 환자가 집으로 돌아가 편안히 죽음을 맞이할 수 있도록 스스로 통증을 관리하는 법을 도와주기도 한다. "환자가 나를 찾을 때가 되면 이미 상당히 심각한 상황인 거야." 그녀는 내게 말했다. 다시 말하자면, 인간의 몸이 겪는 일 중에서도 최악을 항상 마주한다는 뜻이었다.

사실 케이터스는 그녀 자신이 무척 심각한 병에 시달리기도 했다. 과거 함께 책을 작업하며 그녀와 연을 맺었지만, 진짜 가까워지게 된 계기는 궤양성 대장염으로 비쩍 마른 몰골에 금발의 아름다운 머리는 듬성듬성 빠지고 두 눈이 퀭한 그녀를 병문안하면서였다. 의료인이면서 동시에 환자의 입장으로도 세상을 바라봤기 때문일까. 그녀는 그 힘든 상황에서도 에너지와 투지, 그리고 유머감각을 잃지 않았었다. 그중에서도 그녀를 가장 빛나게 하는 자질은 어떤 경우에도 항상 솔직하고 진실되게 말하려 노력한다는 것이었다. 진정한 슈퍼우먼인 그녀는 머리끝부터 발끝까지 유머와 솔직함, 연민과 공감능력이 넘쳐흘렀다.

이런 기질은 그녀가 하는 일에 적격이었다. "간단히 말하면, 환자의 시간을 벌어주는 일을 하는 거야. 환자와 함께하고, 어둡고 무서운 공간을 함께 걸어 들어가고." 그녀는 잠시 말을 멈췄다. "죽음은 정말 거지같거든. 임종 직전에 놓인 환자들을 볼 때가 많은데, 정말 괴로운 일이야. 마음이 너무 무거워져. 가슴이 저밀 정도로 슬플 때도 있고." 케이터스는 죽음을 에둘러 표현하지도, 사실과 달리 희망적으로 말하지도 않는다.

하지만 그녀의 일에서 기쁨을 얻는 때도 있었다. "사실 죽음을 눈앞에 둔 환자들의 상실과 절망을 지켜봐야 하는 순간이 많은데, 그런데 그 과정에서 굉장한 기쁨을 발견하는 순간도 있어. 그건 자신의 죽음에 준비가 된 사람들, 미리 계획을 세워놓은 성숙한 사람들과 만날 때야."

나는 그녀에게 실제 사례를 들려달라고 부탁했다. 그녀가 최근 지켜본 죽음을, 그 죽음이 그녀에게 어떤 교훈을 주었는지를 말이다. 그녀가 우리에게 전해줄 수 있는 가르침이 무엇일지 궁금했다. 그녀는 자신에게 무척 힘든 기억으로 남았을 법한 죽음 하나와 좋은 죽음 하나, 이렇게 두 가지 이야기를 들려주었다.

"내가 경험한 가장 슬픈 죽음 중 하나는 췌장암 진단을 받은 젊은 소아과의사의 죽음이었어." 케이터스는 말했다. "당시 임신 중이었는데, 아이를 위해 치료를 중단하기로 결정했지. 환자가 무엇보다 바랐던 게 아이의 건강이었는데, 다행히 아이는 전혀 문제가 없었어. 아기의 건강 상태 말고도 그녀가 가장 바랐던 게 한 가지 더 있었는데, 그녀도 아이도 책을 좋아했기 때문에 아이에게 책을 읽어주는 모습을 동영상으로 남기는 거였어. 아이가 나중에 자라도 엄마의 얼굴을 기억할 수 있도록 말이야. 하지만 그 중요한 과업을 시작하기까지 시간이 너무 오래 걸렸어. 여러 치료를 받으면서 환자의 피부에 발진이 생기고, 몸도 많이 야위고 약해졌는데, 아마도 자신의 건강했던 원래의 모습으로 영상을 남기고 싶어서 기다렸던 것 같아. 우리는 '유산'이라는 말을 남용하지만, 이 환자의 경우야말로 유산을 남긴다는 말이 정확했지. 하지만 결국 영상을 남기지 못했어. 점점 병들어가던 자신의 모습이 너무 싫었던 것 같아. 내가 그녀가 딸과 대화하는 목소리를 짧게 녹음해준 적은 있어. 정말 행복해보였거든. 죽기 직전에 그녀의 휴대폰으로 녹음했지. 내가 이렇게 말했어. '지금 이것만 녹음할게요. 적어도 이것만이라도요.' 그녀는 결국 그 주에 세상을 떠나고 말았어."

케이터스는 안타까움을 담아 말했다. "그 환자는 자신이 처한 상태를 완전히 받아들이지 못했던 것 같아. 자신이 죽어간다는 사실은 알고 있었지만, 본인이 그토록 하고 싶어 하던 일을 할 시간이 1년 반이나 있었는데 결국 동영상 하나 찍지 못했지. 그리고 죽음이 갑작스럽게 찾아왔어. 사실 이런 경우가 많아. 사람들은 항상 자신에게 시간이 더 남았다고 생각하거든. 죽음은 예상보다 천천히 찾아오기도 하지만, 순식간에 닥치기도 해. 그렇게 되면 상황이 최악으로 치닫는 거지."

그녀는 말을 이었다. "딸에게 남길 유산을 왜 일찍이 남겨두지 않은 걸까? 의료계 종사자로서 나는 사람들에게 '무언가 남기고 싶은 게 있잖아요. 지금 당장 하세요! 지금 건강할 때 하라고요!' 이렇게 말하고 싶어. 병이 찾아온 후에는 사실 자기 자신의 모습을 찾기가 힘들거든. 병은 우리의 본모습을 앗아가 버려. 그 환자는 과거 자신의 모습처럼 아름다운 엄마로 기억되고 싶었던 거야. 환자는 자신도 의사로서 전문지식을 갖추고 있었던 만큼 의학적으로는 준비가 되어 있었어. 가령, 자신의 몸에 어떤 약물을 써야 할지도 알고 있었으니까. 완벽히 상황을 통제하고 있었지. 하지만 감정적으로는 준비가 안 되어 있었던 것 같아. 그래서인지 나에겐 더더욱 슬픈 죽음으로 느껴졌어. 그녀가 죽던 날 병동 간호사와 직원들 모두 눈이 빨갛게 부어오를 정도로 온종일 슬퍼했어."

그녀가 말을 마친 후 나는 그녀를 안아주며 내가 이 책을 쓰기로 한 이유가 바로 이것 때문이라고 답했다. 우리가 조금이라도 감정적인 준비를 마칠 수 있도록, 그래서 우리가 남기고 싶은 유산을 남길 수 있도록 말이다.

좋은 죽음…

"하지만 그런 죽음만 있는 건 아냐." 케이터스가 말을 덧붙였다. "굉장히 빠르게 진행되는 폐암을 진단받은 60대 여성 환자가 통증 관리로 병원에 입원을 했어. 마르고 창백한 모습에 항암 치료로 머리카락도 얼마 남지 않은 환자였지. 머리가 엉망이라고 하셔서 내가 직접 머리카락을 잘라 드리기도 했는데, 다행히 짧은 머리가 잘 어울려서 그 분도 만족하셨어. 우리는 천천히 친분을 쌓아나갔고,

남편 분과도 알고 지냈어. 우리 셋 중 누구도 이 환자가 죽을 거라고 생각지 않았어. 퇴원 후 일주일이 지났을 때 그 분의 남편을 복도에서 보고는 가슴이 철렁했어. 그 환자가 다시 입원했다는 뜻이니까. 남편 분은 내게 환자가 호흡부전으로 죽어가고 있고, 딱히 더 이상 할 수 있는 치료가 없다고 말했어. 우리는 함께 식당으로 향했지. 힘든 상황이란 걸 너무 잘 알고 있었지만, 나는 괜찮으시냐고 물을 수밖에 없었어. 그 분은 아내와 죽음에 대해 많은 이야기를 나누었다고 답했어. 그리고 이어서 들려주신 말씀은 정말 잊을 수가 없어. '우리 부부 모두에게 행복하고 만족스러운 삶이었어요. 그리고 우리는 이 삶의 너머에 펼쳐질 세상에 대해 함께 생각을 정리했고, 이제는 둘 다 마음이 많이 편안해진 상태예요. 솔직히 말할게요. 물론 저 너머의 세상으로 가는 문의 손잡이를 돌리는 것은 정말 힘든 일이에요.' 솔직담백한 말씀에 나는 두 분 모두 정말 이 죽음을 편안하게 받아들이고 있다는 걸 느낄 수 있었어."

케이터스는 계속해서 말했다. "여행을 떠날 준비가 완벽히 되어 있는 것 같았어. 환자가 하늘색 여행 가방을 들고 웃고 있는 모습이 그려질 정도였어. 앞서 이야기한 소아과의사였던 환자는 싸우고 있었거든. 공항에서 줄을 기다리면서도 가방과 끌탕을 하고, 비행기에 오르기 싫어 끝까지 여행을 거부하는 정말 불행한 모습이었지. 하지만 이 환자 분은 차분한 모습이었어. 여행 가방을 싸고 모든 준비를 마친 상태였지. 지미 헨드릭스의 말이 떠올랐어. 어쩌면 그 사람이 한 말이 아닐지도 모르지만. 어쨌든 '삶은 행복하고, 죽음은 아름답다. 삶에서 죽음으로 가는 그 길이 힘들 뿐이다.'"

케이터스는 끝으로 이렇게 덧붙였다. "자신의 고통을 들여다보고 이해하면 더욱 행복해지고 자유로울 수 있어. 내 안의 가장 큰 두려움과 함께하고, 그 두려움을 끌어안아야 해."

케이터스에게 몇 가지 조언을 해달라고 부탁하자 그녀는 자신이 직접 실천하는 방법들을 알려주었다. 첫 번째는 스파이시스[SPICES]이다. "대학원에서 배운 거야. 그때는 너무 진부하다고 생각했는데, 환자와 친구, 가족들에게 수없이 써먹었지." 그녀는 웃었다. 스파이시스는 머리글자를 따서 만든 약자로, 각 글자가 우리의 삶을 구성하는 요소를 뜻하고 있다.

스파이시스[SPICES]

- 사회적[Social] – 사랑하는 사람들과의 관계는 어떤가? 그들에게 충분한 관심과 사랑을 쏟고 있는가?
- 신체적[Physical] – 신체적 자아(신체능력 및 외모 등 본인의 신체에 느끼는

자아-옮긴이)를 긍정적으로 인식하고 있는가?

- 지적^{Intellectual} - 당신의 삶에서 무엇을 추구하고 있는가?

- 직업적^{Career} - 반드시 직업이 아니라도, 취미활동이나 당신이 남길 유산을 떠올려보라.

- 정서적^{Emotional} - 현재 자신이 처한 현실을 마음으로 받아들이고 있는가?

- 영적^{Spiritual} - 달이나 산, 혹은 신에 대한 믿음이나 초자연적인 무언가를 향한 호기심이 있는가?

가볍게 읽어 내려가며, 각 항목마다 플러스, 마이너스 표시를 하면 된다. 짧은 시간 안에 어떤 부분이 부족한지, 마이너스 표시가 지나치게 많은 항목은 어디인지 한눈에 확인할 수 있어 무척 유용하다.

환자들에게만 '활용'한 것이 아니라 그녀도 직접 해볼 때가 많았다. "내가 아팠을 때는 여기에 나온 항목 어느 하나 제대로 돌보지 못했던 상태라 마이너스 표시로 가득했어. 하지만 할 수 있는 일이 없었어. 그저 약을 먹고 하루하루 버티는 게 다였거든. 그래서 제일 마지막 항목에 집중하기로 하고 '영적'에 동그라미를 쳤어. 당시에 내가 손써볼 수 있는 게 그것뿐이었으니까. 생명, 삶이라는 복잡한 문제를 다양한 측면에서 바라보기 시작했어. 당시 임종을 앞두고 있던 할아버지와 무척 가깝게 지냈던 것도 그 이유였고, 몸이 아픈 후에야 죽음은 과연 뭘까 하는 생각을 많이 했는데, 할아버지와 잘 통했지. 그리고 '스파이시스'는 내가 지금 이 삶에서 잃어버린 것들을 만회할 계기가 되기도 해. 살아 있는 동안 제대로 신경 쓰지 않은 탓에 마이너스로 표시해야 했던 항목들이 훗날 죽음을 앞둔 우리의 발목을 잡는 경우가 많거든."

내가 '포옹하라Give A Hug'고 이름 붙인 것도 케이터스가 제안한 방법이었다. 그녀가 카루나Karuna라는 명상심리 프로그램을 공부하며 배운 개념이었다. 카루나는 '연민'이란 뜻으로, 자비 혹은 타인의 고통을 기꺼이 나누는 마음으로 이해할 수 있다. 케이터스는 현재 마음챙김, 자비 그리고 불교적 관점에서 바라보는 환자 치료와 인간의 변화를 이끄는 방법 등을 공부하며 교육 이수 자격증 취득을 위해 노력하고 있다. 비단 그녀 자신뿐 아니라 환자에게도 큰 도움이 되는 공부이다.

"아픈 사람과 한 공간에 있으면, 이들이 두려움에 떨고 있고, 어떤 식으로든 지금 고통 속에 놓여 있다는 것을 느낄 수밖에 없어." 그녀는 내게 말했다. "두려움과 고통에 빠진 사람을 보면 이런 감정이 전염되기라도 하는 듯 인간은 본능적으로 외면하게 돼. 하지만, 내가 불교에 관심을 가진 후부터 인간이란 존재의 진정한 고통이 무엇인지 깨닫게 되었어. 불교에서는 인간이 피할 수 없는 네 가지 고통을 생로병사라고 말하거든. 우리는 사는 내내 이 네 가지 고통에서 어떻게든 벗어나려고 해. 하지만 벗어날 수 없을뿐더러, 그런 헛된 노력이 더욱 큰 고통을 불러일으키기만 할 뿐이야."

"의료인으로서 타인의 고통을 알아챌 수 있다는 것은 때론 큰 선물처럼 느껴지기도 해. 상대방이 고통 속에 있음을 그저 온전히 알아주는 것만으로도 상대방에게는 선물이 될 때가 있거든. '당신을 바라보고 있어요. 당신의 목소리를 듣고 있어요. 제가 여기 있어요.' 아주 단순해. 하지만 많은 사람들이 가장 어려워하는 일이기도 하지."

환자가 수락할 경우 그녀는 환자가 자신의 감정을 인지할 수 있도록 도와주기도 한다. 케이터스는 환자에게 이렇게 말한다. "눈을 감고, 그게 무엇이든 내면에 있는 감정을 느껴보세요. 그 감정을 직시하면 좋겠어요. 슬프다면 슬픔을 바라보세요. 화가 났거나, 혼란스럽다면, 그 감정에 손을 대어 느껴보세요. 그 감정에 두 팔을 두르세요. 지금 당신이 느끼고 있는 감정은 실재하는 겁니다. 받아들이세요. 그 감정을 꼭 끌어안아 보세요. 부드럽게 대해야 합니다. 다정하게요. 조심해야 해요. 그 감정은 진짜니까요. 아기 새를 손

안에 가두듯, 손으로 감정을 살짝 쥐어보세요. 손 안에서 충분히 느꼈다면, 준비가 되었을 때 그 감정을 놓아주는 겁니다."

"그러고 나면." 그녀가 내게 말했다. "로라, 환자들이 정말 자신의 감정을 내려놓는 것을 볼 수 있어. 실제로 양 손을 가슴께로 가져가서는 놓아주는 제스처를 취하거든. 뺨을 타고 눈물이 뚝뚝 떨어질 때도 있어. 하지만 기분이 훨씬 나아졌다고 하는 사람들이 훨씬 많아. 환자에게 지금 자신이 느끼고 있는 감정이 무엇인지 인식하게 하는 과정이지. 그리고 그 감정을 다정하게 대하는 법을 배우게 하고, 마침내 포근한 담요를 둘러주는 거야." 잠시 말을 멈춘 그녀는 이내 말을 이었다. "이런 수행은 물론 의료적 처치는 아니야. 하지만 자신의 감정을 돌보는 것이야말로 죽음을 앞둔 환자들에게 정말 큰 도움을 주곤 하지."

그밖에 케이터스가 들려준 짧은 이야기들

"자신의 솔직한 감정을 마지막에 다다라서야 깨닫게 된다면 굉장히 혼란스러운 상황에 빠지고 말아. 죽음은 본질적으로 전혀 예상치 못한 순간에 닥치니까."

"통증이 제대로 관리되지 못하는 경우가 많다는 점도 한번쯤 생각해볼 문제야. 사랑하는 사람의 치료 과정에 완화치료팀(말기암환자 등 통증에 시달리는 환자나 가족을 위해 의사, 간호사, 임상심리사로 꾸려진 의학팀-옮긴이)이 참여하도록 해야 해. 그 의료진은 특히 죽음에 다다른 환자의 삶의 질을 유지하는 데 무척 중요한 역할을 해. 그 역할 중 하나가 바로 아편이 든 약물의 역할에 대해서 환자들에게 정확히 고지하는 거야. 그런데 지난 20여 년 동안 환자의 약물남용과 의료진의 부실관리로 아편제에 대한 인식이 나빠졌어."

"죽음이 반드시 고통스러울 이유는 없어. 아편제는 통증 완화라는 본래의 용도로 쓰인다면 전혀 문제될 것이 없는 훌륭한 약물이야."

"병원에서 죽음을 맞이하고 싶다는 환자를 단 한 명도 본 적이 없어. 하지만 많은 환자들이 병원에서 죽게 되는데, 이 부분에 관해서는 사람들이 다시금 생각해봐야 할 것 같아."

"내가 생각하기에 좋은 만트라는 바로 이거야. '나는 죽음이 불편하지만 이 불편함을 연습으로 어느 정도 극복할 수 있다.'"

케이터스에게 시간을 내줘서 고맙다는 인사를 전하며 마지막으로 지금처럼 멋진 사람이 될 수 있던 비결이 무엇이었는지 물었다. "글쎄," 그녀는 덧붙였다. "로라, 너는 네 안의 슬픔과 소통하고 있잖아. 네 두려움과도. 자신의 고통을 절대로 모른 척하지 않지. 우리가 고통받고 있다는 것을 스스로 인정하지 않으면 우리의 삶에서 가장 큰 기쁨도 밀어내는 것이나 다름없다고 생각해. 너는 결국 우리 모두가 고통을 인정하고 받아들여야 한다는 것에 대해 글을 쓰고 있고, 나는 그 정신을 내 일터인 병원에서 전파하고 있는 셈이지." 내게는 너무도 큰 칭찬의 말이었다.

드물게도 호스피스 시설을 걸어 나온 사람

브래드 케네디^{Brad Kennedy}는 이미 세상을 떠났어야 할 운명이었다. 그는 실제로 몇 번이나 죽음의 고비를 넘겼다.

케네디는 출생 후 얼마 되지 않아 낭포성 섬유증 진단을 받았다. 지속적인 폐 감염과 호흡 장애를 유발하는 진행성 유전 질환이다. 유전자 결함으로 (항상 이 놈의 유전자가 문제다!) 폐와 다른 장기에 점막이 두껍게 형성되어 기도를 막고 박테리아가 달라붙는데, 이로 인해 세균에 쉽게 감염되어 광범위한 폐 손상을 일으키다 결국 호흡부전으로까지 이어지는 병이다. 케네디는 이렇게 설명했다. "쉽게 말해, 폐가 스스로 공격하는 거예요. 이 병을 앓고 있는 환자들은 심폐부전으로 사망하게 됩니다! 뿐만 아니라 소화기관 역시 상당히 약해져 있어 심각한 영양실조를 일으키기도 하죠."

고로, 나는 험난한 인터뷰를 하게 되리라 마음의 준비를 하고 있었다. 결코 가볍게 여길 질병이 아니었다. 그런데, 그의 삶을 듣고자 만난 점심식사 자리에는 밝게 빛나는 두 눈에 생명력 넘치는 한 남자가 앉아 있었다. 그는 야외 테이블에 앉아 있던 사람들 중 가장 활기가 넘쳐보였다.

1963년 런던에서 태어난 케네디는 생존율이 낮은 불치병 진단을 받고 약 3년밖에 살 수 없다는 이야기를 들었다. 그의 가족은 모친의 고향인 미시간으로 돌아와 미시간 대학 병원에서 집중 치료를 받았고, 기도 청결 치료법 덕분에 기대 수명은 7년으로 두 배가 늘어났다. 현재 낭포성 섬유종 환자의 평균 기대수명은 과거에 비해 나아졌으나, 여전히 너무도 젊은 나이인 40세로 추정되고 있다. 게다가 아직 치료법도 개발되지 않은 상태이다. "1960년대 태어난 낭포성 섬유증 환자 가운데 현재 생존해 있는 사람의 수는?"을 검색했을 때, 'CF50+(낭포성 섬유증Cystic Fibrosis 50세 이상 환자-옮긴이)

모임'이란 걸 발견했지만, 안타깝게도 우리 지역의 50대 이상 환자
는 이미 모두 죽은 후였다. 그만큼 케네디는 정말 드문 케이스였다.

그래서 나는 더욱 그와 만나고 싶었던 것 같다. 그와 어려운 주
제를 두고 이야기를 나누고 싶었다. 그는 그 누구보다 오랜 시간 죽
음과 함께했고, 죽음이 갑작스럽게 찾아온다는 것을, 실제로 우리
가까이에 존재한다는 사실을 누구보다 잘 알고 있었다. 그의 표현
대로 "시간을 벌기 위해" 많은 치료를 견뎌낸 사람이었다. 시간을
벌어야 한다니. 죽음이 길 모퉁이에서 도사리고 있다니. 이 세월을
그는 어떻게 견뎠을까? 그것이 내가 알고 싶었던 것이다.

양측 폐 이식, 또다시 한 쪽 폐 이식, 이후 신장 이식을 받은 수혜
자로서 그는 장기 이식 지지자이자 대변인으로 활동하고 있었다.
그가 자랑스럽게 보여준 '이식 연합회^{Donor Alliance}' 증서에는 장기 기
증자 측과 수혜자가 서로 교류를 하는 것에 협의한다는 내용이 담
겨 있었다. 그의 인생에서 분명 중요한 의미를 지닌 문서였다. 그에
게 첫 번째 폐를 기증해준 사람의(교통사고 사망자) 가족과는 꾸준히
연락을 하고 있고, 두 번째 폐 기증자(자살) 측 가족은 교류를 삼가
기를 희망했다. 그는 자신에게 신장을 이식해준 친척에게도 늘 감
사하는 마음을 가졌다. 기회가 있을 때마다 장기 이식 대기 명단에
오른 후 했던 마음고생과 장기 이식의 중요성, 이식으로 생명을 연

장하며 느낀 기쁨에 대해 사람들에게 이야기한다. 또한 '장기 기증자 여러분, 감사합니다'라고 쓰인 명함을 당당하게 보여주었고, 구형 볼보에는 '생명을 기증하세요'라는 문구가 새겨진 장식판을 달고 다녔다.

장기 이식은 그가 삶을 대하는 태도에도 물론 영향을 끼쳤다. 보통 사람들은 좋은 쪽으로든 나쁜 쪽으로든, 지금 현재의 즐거움을 느끼고 오늘에 집중해야 하는 것만큼이나 내일이든 10년 후든 미래를 내다보며 삶의 균형을 맞추며 살아간다. 하지만 그는 우리와 다른 무척 특별한 삶을 살고 있는 듯 보였다. 그는 현재에만 집중되어 있는, 미래에 대해서는 그리 깊게 생각하지 않는 특이한 삶을 살고 있는 것 같았다.

그는 실제로 현재의 삶을 온전히 충만하게 살아가고 있고, 미래의 계획은 전혀 없다고 말하기도 했다. 이는 어쩌면 그의 부모님 덕분에 가능한 일이었는지 모른다. "부모님은 제가 처한 현실을 숨기지 않고 알려주셨지만 다른 아이들이 하는 것은 다 해봐야 한다고 생각하는 분들이셨어요. 여름방학 아르바이트나 다양한 야외활동은 물론 책임감 같은 태도까지 모든 것을 경험하게 해주셨어요." 그는 스키와 테니스를 했고, 수영 팀에서도 활동했으며, 록 콘서트도 꽤 많이 보러 다녔다. 그러나 부모님은 그에게 남은 시간이 별로

없다는 것 역시 인정했다. 매년, 그의 부모님은 올해가 그의 마지막이 될지도 모른다고 생각하며 이렇게 물었다. "올해는 뭘 해보고 싶니?" 어린 아이였던 그가 자신의 어쩌면 마지막일지도 모를 한 해를 어떻게 보내야 할지 실제로 생각해봤다는 것에 놀라움을 금할 수 없었다.

낭포성 섬유증에 대한 어린 시절의 기억은 비참할 정도였다. "부옇게 습기가 가득한 커튼 안에서 잠을 자야 했던 날이 많았습니다." 그의 말이다. "'미스트 텐트$^{Mist Tent}$'라는 치료법이었는데, 기도를 확장하고 두꺼워진 폐의 점막을 제거하기 위한 방법이었죠. 〈버블 보이$^{Bubble Boy}$〉(선천적인 면역 질환으로 주인공이 커다란 버블 안에서 살아가는 이야기를 그린 영화-옮긴이)의 모습에 열대지방의 엄청난 습도가 더해졌다고 보시면 이해가 될 겁니다."

단순한 불편함 말고도 실존에 대한 문제야말로 그를 힘들게 했다. "친구들과 달리 저는 병원에서 지내야 한다는 것을 깨달으며 제 한계에 대해 생각해보곤 했어요. 아마도 그때 제가 '어른 계획표'라고 이름붙인 프로젝트를 시작하겠다고 마음먹었던 것 같아요. 질문도 호기심도 많았고, 그에 못지않게 절망감에 빠졌던 저는 제 또래의 아이들이 하는 경험보다 더욱 많은 것을 원했거든요. 실제로 제게는 다른 친구들만큼의 시간이 없잖아요. 병원에서 아이들이 병이 나아 퇴원하는 경우는 거의 없고, 그냥 죽어가고 있다는 현실에도 눈을 뜨기 시작했습니다. 그래서 올해가 마지막이라면 내가 정말 하고 싶은 일은 뭘까 하는 괴로운 질문을 하기 시작했죠. 오래 산다는 것은 아예 생각도 못 했으니 당시에는 그게 괴로운 질문인 줄도 몰랐지만요. 제게는 언젠가 죽을지도 모른다는 사실을 받아들이는 방법밖에 없었습니다. 부모님은 현실을 빙빙 돌려 말하거나 듣기 좋게 포장하는 분들이 아니셨어요. '솔직히 말하면 너는 다른 99퍼센트 아이들과는 다르단다. 다른 아이들처럼 할 수 없을 테고, 매일같이 최선을 다해 살아야 한단다. 무슨 일을 할 때면 어쩔 수 없이 꼴찌가 되거나 뒤처지기 마련이겠지만, 그래도 대부분의 경우 완주할 수 있을 거야. 그렇게 되도록 노력해야 해. 의사 선생님의 말을 잘 따르고 약도 잘 먹어야 한다. 하지만 아무 생각 없이 따르기만 해서는 안 돼. 네 몸을 치료하기 위해 의료진이 무엇을 어떻게 하는지 배워야 한다.'"

그는 말을 이었다. "이렇게 살아왔다 보니 저와 비슷한 처지의 환자들의 권익에 대해서도 생각하게 되었어요. 많이 배우려고 노력했고, 제가 배운 것을 나누고자 했습니다. 비단 저 자신뿐 아니라, 이 괴상한 병을 앓게 될 미래의 아이들에게 도움이 되길 바라는 마음으로 스스로 기니피그가 되어 온갖 실험적인 요법과 약물치료를 받았습니다." 그럼에도 그는 항상 떠날 준비를 해야 한다고 생각했다. "죽음에 대해 생각할수록, 죽음과 함께 혹은 죽음을 초월해서, 어쩌면 죽음의 레이더 아래 몸을 낮춰 살아가려고 노력했던 것 같습니다. 죽음을 속인다는 것보다는 제 삶을 행복으로 채운다는 것에 가깝죠." 가령, 그는 (당연하게도) 대학에 갈 계획이 없었지만, 놀랍게도 어느샌가 대학에 입학해 있었다. 한 여성을 만나고, 결혼을 하고, 아이도 낳았다.

"항상 긍정적인 편이었죠. 사실 지금도 제 컨디션은 완벽하지 않습니다. 폐 한 쪽은 45퍼센트밖에 기능하지 못해요. 하지만 우리는 누구나 지금 밖으로 나가는 길에 버스에 치일 수도 있고, 어쩌면 비행기 추락 사고를 겪을지도 모릅니다. 하지만 그런 일을 생각하며 두려움 속에 살진 않을 겁니다. 제가 죽게 될 날을 생각하면서 살지 않을 거예요."

실제로 죽음이 코앞까지 닥친 적도 있었다. 첫 번째 폐 이식 수술을 하고 4년이 지나자 거부반응이 일어났고, 사람들은 그가 곧 죽게 될 거라고 여길 만큼 심각한 상황이었다. 그는 요양 시설로 옮겨져 그곳에서 넉 달간 머물렀다. 하지만, 그는 죽지 않았다. 폐 용량은 겨우 13퍼센트로 굉장히 낮았고, 수많은 약물이 투여되었다. 당시에는 생각이라는 것을 제대로 할 수 없었고, 모든 게 안개 속에

쌓인 듯 머릿속이 희미했다고 말했다. 그저 가만히 시간을 보내며 지낸 날들이었다. "그 해 봄에 농구를 굉장히 많이 봤었죠." 이제는 행복하게 회상할 수 있는 기억이 되었다. 이후, 그의 상태가 호전되었다. "호스피스에서 두 발로 걸어 나왔죠. 노래 '호텔 캘리포니아 Hotel California'의 주인공 같았지만, 그리 즐겁지는 않았습니다!"

사실 이런 경우는 무척 드물다. 대부분의 경우 호스피스 생활은 3주에서 6주가 고작이다. 그가 양측 폐 이식술을 받을 당시 쌍둥이 아들은 여섯 살이었던 만큼, 그는 아직 자신이 할 일이 많이 남았고, 떠날 준비가 되지 않았다는 생각이 들었다고 했다. 아이를 낳기 전에는 '괜찮은 인생이었어, 죽어도 여한이 없어.'라고 생각했지만, 아이들이 생긴 후에는 생각이 완전히 바뀌었고, 이제는 죽음과 떼려야 뗄 수 없는 자신의 운명을 새로이 받아들이는 법을 배우는 중이었다.

끝으로 그는 이런 말을 남겼다. "낙천적이고 활기찬 사람들과 어울리려고 노력합니다. 아이들과도 자주 소통하고요. 'Just Breathe', 'Do You Realize', 'Soul Meets Body' 같은 노래를 좋아합니다. 콜로라도의 날씨와 생활을 즐기려고 하고, 제 자신에 대해서도 너무 심각하게 생각하지 않으려고 합니다."

결국, 본질은 단순했다. "인생은 한 번뿐입니다. 최대한 누려야 해요. 용기는 기도를 마친 두려움입니다."

4장

죽음의
타이밍

죽음은 너무 일찍 혹은 너무 늦게 찾아오기도 하고, 어떨 때는 지나치게 일찍 혹은 지나치게 늦게 찾아오기도 한다.

많은 사람들이 한번쯤 이상적인 죽음에 대해 떠올려봤을 거다. 나는 사흘 정도가 좋을 것 같다. 여든 혹은 아흔 대의 나이에 죽음 앞에서 사흘가량 머물다 떠나는 것이다. 내가 사랑하는 사람들을 불러 얼굴도 보고, 양질의 바질과 토마토도 먹으면서 말이다.

• 당신이 생각하는 이상적인 죽음은 무엇인가?

문제는, 굉장히 주의 깊게 살펴보지 않아도 우리의 기대대로 상황이 흘러가지 않는 경우를 너무 쉽게 찾아볼 수 있다는 점이다. 내가 본 죽음은 항상 너무 갑작스럽거나 너무 오래 끌거나, 너무 이르거나, 너무 늦게 찾아왔다. 어떤 죽음이든 가슴이 무너지기는 마찬가지이다. 때문에 1부를 마무리하며 죽음의 타이밍에 대해 말하고 싫었다. 죽음이 빠르게 찾아오든, 느리게 찾아오든 준비를 해서 나쁠 것은 전혀 없으니까.

너무 빠른 죽음:
갑작스러운 죽음 앞에서 우리가 할 수 있는 일

열의 한 명은 갑작스럽고 예기치 못한 죽음을 맞이하게 될 것이다. 솔직히 말해 과거에 비해 아주 높은 수치는 아니다. 119, 앰뷸런스, 응급실에 감사할 일이다!

그럼에도 예상하지 못한 갑작스런 죽음은 늘 벌어진다. 책을 집필하며 뉴질랜드에 머물던 중 나는 바닷가 산책길에서 예기치 못한 죽음에 대해 떠올렸다. 내가 살고 있는 콜로라도에서는 바다를 찾아볼 수 없기 때문에 눈앞에 펼쳐진 광경이 충격적일 정도로 낯설었다. 솔직히 말해 그 바닷가에는 괴상한 것들 천지였다! 이상한 모양의 물고기 사체, 온갖 종류의 조개껍데기들, 죽은 새들, 살아 있는 새들, 동물인지 풀인지 광물인지 형체를 구분하기 어려운, 더럽고 끈끈한 무언가가 바닷가에 널려 있었다. 바닷가를 둘러보고 있는데 커다란 가방을 맨 초등학생 아이들이 보였고, 알고 보니 아이들은 쓰레기를 줍고 있었다. 아이들이 바닷가 이곳저곳을 몰려다니는 모습이 떼 지어 다니는 바닷새 같았다. 그 아이들이 한 곳에 멈춰서 모래를 들여다보는 걸 발견하고는 나도 그곳으로 향했다.

모래 속에는 다리가 열 개 쯤 되는 거대한 자줏빛 해파리가 있었고, 나는 귀여운 아이들을 향해 물었다. "애는 뭘 하고 있는 거니?"

이 사람 바보 아냐, 하는 시선으로 한 아이가 나를 바라보며 대답했다. "돌진했어요." 돌진? 몇 차례 대화 끝에 아이가 한 말을 이해할 수 있었다. 죽었다, 서둘러 떠났다는 의미였다.

"돌진하기"를, 다시 말해 갑작스러운 죽음을 오히려 바라는 사람도 있을 것이다. 그런 바람을 갖는 것이 손가락질 당할 일은 아니다! 그것은 어쩌면 아주 잠깐만 고통스러운 빠른 죽음일지 모른다. 분명 장점이다. 단점이라면 우리가 미처 준비되지 않았다는 것. 더불어 남겨진 이들에게는 비통하고, 끔찍하고, 너무 허망한 죽음이라는 것이다. 담담하게 이야기하지만 현실은 결코 녹록치 않다. 얼마 전에 아들과 학교를 같이 다니는 한 아이가 드문 유형의 페스트로 목숨을 잃었다. 건강한 10대 소년이 하루아침에 죽었고, 우리를 휩쓴 혼란과 슬픔은 견딜 수 없을 정도로 컸다. 얼마 지나지 않아 내 친구 한 명이 (단순한 지인이 아니라 중학교 때 처음으로 사귄 남자친구였다) 뇌동맥류 판정을 받았다. 80년대 음악에 맞춰 함께 춤을 추던 친구가 어느새 고인이 되어 있었다.

이런 충격적인 현실 앞에서 내가 할 수 있는 말은 갑작스럽게 덮칠지도 모를 죽음을 준비해야 한다는 것뿐이다. 자동차가 돌진해오고, 누군가 이렇다 할 이유 없이 우리를 향해 총구를 겨누고, 왼쪽 사지가 마비되고, 심장은 갑자기 이상한 징후를 보이기 시작할 수 있다.

그렇다면 우리는 무엇을 해야 할까? 죽음이 닥치는 찰나의 순간에 우리가 할 수 있는 것은 과연 무엇일까?

- 빠르게 자신의 만트라를 외운다. "평온"과 같이 그저 한 단어로 된 짧은 만트라여도 좋다. 결국 우리에겐 몇 초 남짓의 시간만이 허락될 테니까.
- 신의 존재를 떠올린다. 순간 당신의 머릿속에 떠오르는 신, 저 위에서 당신을 맞이해 줄 신을 떠올리면 된다.
- 용서를 구하거나 용서를 하거나, 당신을 포함해 이 세상 모든 생명에게 평화를 기원하는 마음을 갖는다.
- 사랑의 감정으로 당신의 마음을 가득 채운다. 이 지구에서 머물렀던 시간을 사랑하는 마음, 당신이 경험했던 모든 일을 사랑하는 마음, 당신을 향해 미소 지어준 모든 사람들을 사랑하는 마음으로.
- 지체 없이 떠난다.

모두 연습할 수 있는 일들이다. 아주 잠깐의 시간만 들이면 된다.

결국 죽음을 향해 돌진하기까지 고작 몇 초도 걸리지 않을 테니까.

갑작스러운 죽음을 경험한 사람이 들려준 조언

콜로라도 주 하원의원이자 변호사였던 모건 스미스는 은퇴 이후 전보다 훨씬 험난한 일을 하고 있다. 멕시칸 국경 지역의 상황을 문서로 기록하고, 사진자료를 남기고, 다양한 인도주의적 프로젝트에 참여하는 일이다. 그는 내가 아끼는 친구이기도 하다. 사회 정의를 주제로 한 글쓰기로 인연을 맺은 우리는 이후 공통의 관심사를 함께 키워나갔다. 산타페에 사는 그는 멕시코의 한 정신의료 기관을 정기적으로 방문하는데, 가끔씩 그가 보내주는 사진 속에는 방치된 극빈층의 아름다운 얼굴이 담겨 있었고, 사진 속 이들의 두 눈에는 인간미와 깊은 사연이 엿보였다. 어느 날 나는 스미스의 아내가 갑작스럽게 세상을 떠났다는 슬픈 소식을 전해들었다. 그 즈음 다음의 글이 내 메일함에 도착했다. 내가 죽음에 관한 책을 집필하고 있다는 사실조차 몰랐던 그는 단지 친구들에게 몇 가지 조언을 전해주고 싶었을 뿐이다. 그의 허락을 받아 그가 보내온 아름다운 글을 이곳에 소개한다.

갑작스러운 죽음

응급 대원을 간절히 기다리며 아내의 가슴을 힘껏 눌러 심폐소생술을 했다. 하지만 이미 늦었다는 것을 직감했다. 50년을 함께한 나의 아내 줄리가 세상을 떠났다.

고작 한 시간 전만 해도 딸네 집에서 손녀와 함께 행복한 일요일 아침식사를 하고 있었다. 우리 두 사람은 행복한 마음으로 집으로 돌아왔다. 아내는 복도를 따라 침실로 향했다. 몇 분 후 뒤를 따랐을 때, 바닥에 쓰러져 있는 아내를 발견했다.

아내보다 내가 오래 살게 될 거란 생각은 해본 적이 없다. 내가 떠난 후 10년에서 15년 간 아내가 여유롭게 생활할 수 있도록 돈을 충분히 모으는 것이 내 평생 목표였다. 장모님도 90세가 넘어서 돌아가셨으니까.

하지만 9개월 쯤 전부터 아내는 자주 넘어졌다. 무언가 이상이 생긴 게 분명했고, 나와 아내는 일과성 뇌허혈 발작(미니 뇌졸중-옮긴이)을 떠올렸지만, 훌륭한 의료진에게 검사와 진료를 받았음에도 뚜렷한 진단명이 나오지 않았다. 의식이 혼란하고 기억력이 흐려지는 문제는 나아졌지만, 완전하지는 않았다. 먹구름이 우리에게 내려앉은 것만 같았고, 이 어둠에 대해 대화를 나눠야 한다는 것은 알고 있었지만, 우리는 계속 미루기만 했다. 하지만 아내는 이런 말을 했다. "모건, 내가 병에 걸리면, 정말 오래 고생하게 될 그런 병에 걸린다면, 멕시코에서 독한 약을 구해 나를 그만 보내줘요. 너무 오랫동안 시달리는 것은 생각만 해도 견딜 수가 없어요." 우리 부부는 누님과 어머님이 죽음에 이르기까지 기나긴 고통스러운 시간을 보내는 걸 곁에서 지켜봐야 했다. 모친이 10년 간 투병생활을 했던 알츠하이머는 아내가 특히나 두려워하는 병이었다.

때문에 아내의 죽음으로 인해 내게 찾아온 고통은 이루 말할 수 없지만, 한편으로는 아내에게 죽음이 빠르고 고통 없이 찾아와서, 더욱이 딸과 손녀와 행복한 시간을 보낸 직후에 찾아와서 다행이라는 생각이 들었다.

그런데, 아내가 죽기 몇 달 전 내가 굉장한 실수를 했음을 뒤늦게 깨달았다. 내 실수가 우리 부부처럼 긴 세월을 함께하며 깊은 관계를 쌓아온 사람들에게 어떤 깨달음을 줄 수 있을지도 모르겠다.

나는 아내의 장례식을 위해 슬라이드 쇼를 준비했다. 유년 시절 사진도 많았지만, 우리가 결혼한 이후 아내가 죽기 전까지의 수많은 사진은 거의 내가 직접 찍어준 것들이었다. 사진을 보며 수년간 우리 둘 다 잊고 지냈던 빛나는 추억들이 생생하게 떠올라 놀라움을 감출 수 없었다. 함께 산을 오르던 사진, 아이들이 자라는 모습, 아내가 받은 상, 아내가 리포터로 활동하던 시절의 모습, 스페인으로 떠난 부부여행, 사랑하는 가족들과 찍은 사진들. 장례식을 마치고 몇 주 후, 결혼 몇 달 전에 주고받은 편지 뭉치를 발견했다. 아내가 내게 보낸 편지 글들은 너무도 아름다웠다. 그녀가 글로 쓴 사랑의 표현에 가슴이 벅차올라 차마 몇 장 읽어보지 못할 정도였다.

내 실수는 이것이었다. 우리는 현재, 미래, 아니면 아이들과 손주들만 신경 썼다. 2015년 7월 3일의 결혼 50주년을 말로만 특별한 날이라고 했을 뿐 그저 일상적으로 보냈다. 가족행사나 저녁식사도 없었고, 우리 둘만을 위한 작은 이벤트도 아무것도 없었다.

다시 생각해보니 아내의 장례식이 아니라, 결혼 50주년에 이 슬라이드 쇼를 준비해 아내에게 보여줬어야 했다. 편지 뭉치를 더 일찍 찾아서 그녀에게 읽어주고 당시 어떤 기분으로 이 편지를 썼는지 물었어야 했다. 예컨대, 내게 어쩌다 로버트 브라우닝의 시를 써줄 생각을 했는지 묻고 싶었다. 그녀와 50년의 세월을 함께 보낸 것이 내게 얼마나 영광스런 일이었는지 반드시 알려줬어야 했다.

삶은 너무도 유약하다. 아내보다 오래 살 거라고 한 번도 생각한 적이 없었건만, 그런 일이 벌어지고 말았다. 아내와 함께 삶을 돌아보고 그녀에게 감사함을 표할 수만 있다면……. 내게는 이런 기회가 사라졌지만, 이 글을 읽는 누군가는 내 실수를 교훈삼아 너무 늦기 전에 배우자와 함께 나눈 삶을 감사하고 축복할 수 있기를 바란다.

너무 길게 돌아가는 길:
천천히 다가오는 죽음

영화 〈작은 거인^{Little Big Man}〉에서 치프 댄 조지가 자신의 죽음을 준비하는 모습은 명장면으로 꼽힌다. "죽기 좋은 날이로다" 외친 그는, 사나이이자 전사로서 당당하고 용감한 태도를 지닌 채, 온 세상을 향해 고맙다는 인사를 전한 후 땅에 누웠다. 치프 댄 조지의 양자로 분한 더스틴 호프만은 옆에 서서 아버지에게 작별 인사를 고하고 애도를 표했다.

그 순간, 비가 내리기 시작한다. 치프 댄 조지는 자신의 심장이 멈추기를 참을성 있게 기다렸지만, 죽음이 찾아오기는커녕 온 몸이 비에 젖어들기 시작했다. 결국 그는 다시 눈을 떴다. 그러고는 이렇게 말했다. "이럴까봐 걱정했는데. 텐트로 돌아가서 뭘 좀 먹자꾸나. 새로 얻은 아내의 개고기 요리가 일품이야." 두 사람은 삶에 대해 이야기를 나누며 언덕 아래로 발걸음을 옮겼다.

우리가 떠날 준비를 마쳤다 해도, 원할 때 죽음이 찾아오는 것은 아니다. "자연스럽게" 죽고 싶다고 말하는 사람들은 자면서 스르르 죽는 모습을 떠올리는 경우가 많다. 힘겹게 앉은 채로 기침을 하거나, 물을 간신히 넘기며 오랜 시간 고통받지 않는 죽음 말이다. 하지만 현실을 직시하자. 잠든 후 깨지 않고 죽음을 맞이하는 운 좋은 사람들은 극히 드물다. 요즘 시대에 '자연사'는 더 이상 흔한 일이 아니다. 열에 아홉은 의료적 개입과 생명 연장 치료를 받게 될 것이다. 심각한 찬반양론이 형성되는 지점이다.

급사는 갑작스럽게 벌어지므로 논란이 형성될 여지도 없다. 하지만 길고 긴 죽음에는 그 시간만큼 할 말도 많아진다. 혹은 걱정이 많아진다. 불안함을 느끼는 시간도 길어진다. 몸에 튜브가 연결되기 시작한다. 내가 원하는 바를 의사소통할 능력을 잃게 되고, 그 길어진 시간만큼 다른 사람들의 목소리가 커지기 시작한다. 우리는 생애 처음 겪는, 이상한 시간 속에 갇히게 된다. 많은 의사들이 훌륭하게 자신의 소임을 다하고 있지만, 특정 진료나 처치를 할 때 발생하는 인센티브 제도에서 자유롭지 못할 때가 있고, 과학기술이라는 마법은 환자를 미혹해 뭐든 시도하고 싶게 만든다. 이러한 순간에 우리는 삶의 질과 삶의 양 가운데서 균형을 찾아야 하고, 나 자신과 내가 사랑하는 사람 모두를 위해 가장 적절한 의료적 선택지가 무엇인지 생각해야 한다. 그래야만 반드시 좋기만 하지 않을 수도 있는, 이 삶을 단순히 길게 유지하겠다는 목적하에 사랑하는 사람의 인생을 정서적으로, 재정적으로 갉아먹는 상황을 피할 수 있다.

죽음의 과정이 길어지는 것이야말로 대부분의 사람이 두려워하는 것이라고 생각한다. 결국 어느 순간에 이르면 이제는 그만 헤매고 싶다는 생각이 찾아온다. 보호자도 마찬가지이다. 환자가 며칠 안으로 죽는다면 환자를 최우선시해 모든 관심을 쏟아부을 수 있다. 하지만 이런 집중적인 관심과 케어는 결코 오래 지속하기 어렵다. 가령, 우리 아버지의 경우 오래토록 앓다가 돌아가셨다. 10년쯤 되자 아버지를 주제로 한 대화가 달라지기 시작했다.

제3자: "요즘 어때?"

나: "굉장히 피곤해."

제3자: "하지만 아버지와 함께할 수 있는 이 시간이 감사하지 않아?"

나: "아니. 그다지. 이젠 아니야."

제3자: "그래도, 아버지는 기쁘지 않으실까?"

나: "잘 모르겠어. 하지만 아니실 것 같아."

제3자: "네가 뭔가 깨달은 게 있을 것 같은데? 이 시간 덕분에 마음이 더 따뜻해지고 인내심이 많아졌다든가. 너나 너희 아버지에게 선물 같은 시간이 아닐까?"

나: "5년 정도라면 그럴지도. 인내심은 확실히 늘었어. 침착해지는 법, 경청하는 법, 위로하는 법도 많이 배운 것은 사실이야. 하지만 우리 부녀 모두 배워야 할 것은 모두 배운 것 같아."

이게 내 솔직한 심정이었다. 다른 사람들이 나와 다르게 느낀다면 다행인 일이다. 그러나 오래 이어지는 죽음에 내포된 윤리적 측면을 생각해봐야 한다. 누구의 권리가 우선시되어야 하는가? 물론 우리 아버지에게도 권리가 있다. 기본적으로는 남은 시간 동안 최선의 삶을 누릴 권리, 타인의 보살핌을 받고 타인의 도움을 받아 옷을 입고 음식을 먹을 권리. 하지만 죽어가는 환자의 보호자라는 이름을 벗어나 자기 자신의 삶을 누릴 엄마의 권리는? 이 지구를 생각하면 또 어떤가? 내 아이들의 삶은? 아버지에게 헌신하느라 아이들과 보낼 수 없었던 그 시간은?

아버지를 간호하며 연민과 인내라는 소중한 교훈을 배웠고 삶과 죽음에 대한 새로운 시각을 얻었지만, 한편으로는 내가 달리 성장할 수 있는 기회를 잃었다는 생각이 들었다. 무엇이 옳은 행동이었는지는 누구도 단언할 수 없지만, 질문은 멈출 수 없었다. 만약 10년 전 부모님이 시설에 들어가셨더라면 어땠을까? 비용은 감당할 수 있었을까? 비영리 기관에서 운영하는 시설이라면 어땠을까? 쾌

적했을까? 누군가의 탓을 하려는 것이 아니라, 두 가지 상황을 가늠해보고 싶은 것뿐이다.

사실 투병생활이 길어질 때는 공동체적인 문제로 접근해야 한다고 생각한다. 지역사회가 배제되어서는 안 된다. 개인의 권리도 물론 중요하지만, 이 개개인이 속해 있는 사회의 한 문제로 바라보는 관점도 필요하다.

사람들은 어찌되었건 아버지가 곁에서 함께하고 있다고, 아버지와 함께하는 이 시간을 감사히 여겨야 한다고, 아버지에게 자식의 도리를 다해야 한다고, 아버지는 아직 이곳에 더 머무르고 싶어 하실 거라는 이야기를 확신에 찬 어조로 내게 말했지만, 오히려 나는 진정한 사랑은 정직함을 바탕으로 해야 한다고 믿게 되었다. 그리고 내게 정직함이란 아버지가 돌아가시기 오래 전에 이미 아버지의 삶이 끝났음을 인정하는 것이었다.

마음속 갈등을 인정하고 싶어 하지 않는 사람도 있겠지만, 보호자들은 보통 나와 같은 고민에 시달린다. 죽어가는 환자 역시 마찬가지이다. 우리는 솔직해져야 한다.

아버지는 14년간 알츠하이머 투병 생활을 하며 합병증을 앓으셨다. 아버지에게는 항생제가 투여되었고, 나는 처치를 거부할 법적 권리가 없었다. 내가 의료적 결정을 내릴 수 있는 대리인이었다면 임종 돌봄 처치만 요구했을 것이다. 아버지를 사랑하지 않아서가 아니라, 사랑했기 때문에 아버지가 자연스럽고 편안한 죽음을 맞이하길 바라는 마음이었다.

하지만 나는 아버지의 찡그린 얼굴, 상처, 그리고 두려움을 봐야 했다. 몸에 달린 튜브와 주사기를 봤다. 당신이 그토록 애써 일궈온 가족이 아버지의 상태가 악화된 후 몇 주 지나지 않아 와해되는 현장을 목격했다.

알츠하이머는 환자가 죽음에 대한 준비가 되었다는 것을 직접 밝힐 수 없다는 점에서 난감한 질병이다. 오랜 시간 투병해야 하는 질환을 겪는 환자들 가운데 스스로 죽음을 인지하고, 죽음을 원하며, 자신의 권리를 적극적으로 주장하는 경우도 있다. 실제로 과반수의 미국인은 죽음을 선택하는 환자 개인의 선택을 존중해야 한다고 생각하고, 퓨리서치센터에 따르면 성인 60퍼센트가 고통스러운 질병과 불치병에 시달리는 환자들에게 자신의 생을 마감할 수 있는 인격권이 있어야 한다고 밝혔다. 나는 머지않아 미국 내 죽을 권리를 보장하는 주가 늘어날 거라고 본다.

하지만 현재로서는, 우리의 삶이 '지나치게' 연장될 상황에 놓여 있다면 어떻게 해야 할까? 한 가지 방법은 자신의 죽을 권리를 의사 및 가족에게 적극적으로 호소하는 것이다. 또 하나는 훨씬 간편

하고 누구든 반드시 해야 하는 것으로, '사망 선택 유언'이라 불리는 사전연명의료의향서를 작성하는 방법이 있다. "나는 이러이러한 의료적 처리를 원합니다/원하지 않습니다"를 자세히 밝히는 서류이다. 이 문서를 통해 항생제를 거부하거나, 항암 치료 혹은 심폐소생술 등을 거부할 수 있다. 그러나 생명 연장 치료법이 엄연히 존재하고 뿌리치기가 어려운 만큼, 가장 우선적으로는 환자 자신이 자연사를 적극 옹호하는 입장이어야만 한다. 실제로 그런 상황에 놓이게 된다면 치료를 거부하기가 쉽지 않다. 자신이 사전연명의료의향서에 밝힌 결정에 단호한 입장을 보이지 않는다면 가족이나 의료진이 개입하게 될 것이다.

이는 내게 무척 중요한 문제이다. 심사숙고 끝에 자연사를 선택했다고 해서 닥터 케보키언^{Dr. Kevorkian}(죽을 권리를 제창하며 130여 명의 안락사를 도와 죽음의 의사로 불리는 인물-옮긴이)이 되는 것은 아니다. 다른 병에 걸린 환자나 노인에게 적대적인 선택도 아니다. 반윤리적인 선택도 아니다. 오히려 죽음을 받아들이고 죽음이 제 역할을 다하도록 하는 것은 본질적으로 굉장한 용기와 사랑이 필요한 일이다. 자신이 무엇을 원하는지에 따라 완화 치료를 선택해도 되고 죽음을 선택해도 된다. 자신이 혹은 사랑하는 사람이 죽어간다면, 그리고 그 과정이 너무 길어진다면 이렇게 말해볼 수 있다.

나는 완화 치료만 받고 싶어.

나는 임종 돌봄만 받고 싶어.

나를 호스피스 시설로 보내주렴.

고맙지만, 더는 아무것도 필요 없어. 죽을 준비가 되었어. 떠날 때가 된 것 같아.

모두 잊어버리다: 치매와 죽음

치매는 불치병이다. 게다가 죽음에 이르는 과정이 특히나 힘든 질병이기도 하다. 85세 이상의 노년층에서 3분의 1이 치매를 앓고 있다. 90세 이상의 노년층 가운데 인지 기능 저하의 징후가 나타나지 않은 비율은 고작 200명 중 한 명 꼴이다!

앞서 말했듯이 우리 아버지는 알츠하이머 환자였다. 오빠의 이사를 돕던 날 아버지는 엘리베이터 앞에 서서 "이게 뭐지? 난 이 안에 들어가지 않으련다."라고 말했고, 아버지에게 무언가 이상이 생겼다는 것을 알았다.

처음엔 혼란스러웠고, 빨리 이사를 마치고 싶은 생각에 짜증이 났다가, 이윽고 가슴이 내려앉았다. 아주 무겁게 내려앉았다. 유전

학자이자 교수이자 목장을 운영하는 사람이 엘리베이터가 뭔지 모른다고?

이후 벌어진 일은 생애 말기 치료에 대한 나의 입장을 완벽히, 영원히 뒤바꿔놓은 15년 간의 병수발이었다. 10대의 내 아이들은 이 지구에서의 짧고 아름다운 삶을 무엇보다 소중히 여겨야 한다는 엄격한 가르침 속에서 자라고 있고, 이는 곧 만약 그런 일이 발생한다 해도 나를 돌봐야 할 의무를 짊어지지 않아도 된다는 뜻이다. 아이들이 어려운 문제마저도 기꺼이 받아들이고 헤쳐 나가는 삶을 살길 바라지만, 의무감 때문에 나를 포함해 다른 누군가를 오랜 기간 돌보는 일은 여기에 속하지 않는다.

무례하게 들리지 않길 바라는 마음으로 다시금 말하자면, 알츠하이머에 굴복한 아버지를 몇 년간 돌보면서 나는 생애 말기 치료 및 돌봄과 우리의 윤리적 의무에 대해 상당히 부정적인 태도를 취하게 되었다. 나는 아버지가 생명 연장 치료를 원치 않았다고 확신한다. 나는 죽음에 다다른 아버지가 감염 진단을 받았을 때 항생제를 처방받아서는 안 된다는 입장이었다. 나는 아버지가 임종 돌봄을 받아야 한다고 생각했다. 타인에게 짐이 되고 싶은 사람은 없지만, 우리는 결국 누군가의 짐이 되고 만다. 물론 대부분의 경우 이는 문제가 없다. 우리의 도움을 필요로 하는 사람을 돌보는 것이 바로 사랑이니까! 보통 돌봄과 관심을 받아야 하는 상황은 일시적이다. 얼마 지나지 않아 건강을 되찾거나, 환자가 병을 관리하고 적응해나가거나, 가족이 새로운 현실에 적응해나가기 시작하니까. 그러나 여기서 중요한 문제는, 의료 시스템과 사회적 압박감 때문에 혹은 죽음을 마주할 용기가 없다는 이유로 '자신의 의도와는 달리' 가족에게 짐이 되는 경우가 많다는 점이다. 연명 치료 등의 결정을 앞두고 깊이 생각해봐야 할 문제이다.

아버지를 책임지고 간병하는 사람은 내가 아니었지만(이 일은 엄마의 몫이었다) 나는 콜로라도의 아버지 목장 근처에서 살고 있었다. 그래서 아버지와 산책을 자주 했다. 발병 초기에는 아버지를 모시고 멕시코, 록키산 국립공원, 카지노(아버지는 항상 도박을 좋아하셨다) 등 이곳저곳을 여행하며 시간을 많이 보냈다. 아버지의 의식이 허락할 때면 우리는 아버지의 병에 대해 이야기를 나눴고, 아버지가 말을 잃었을 때는 침묵 속에서 흰머리 독수리와 여우를 지켜보았다. 기쁨과 유대의 순간이 있었고, 절망과 괴로움의 순간도 있었다.

초기에는 아버지 자신도 어떤 병에 걸렸는지 잘 이해하고 있었고, 굉장히 슬퍼하시기도 했다. 아버지는 당신의 뇌가 어떻게 달라졌는지에 관해서도 비교적 솔직하고 자연스럽게 대화를 나누었고,

아버지가 내게 한 말들은 알츠하이머를 앓고 있는 주인공의 시점으로 전개되는 내 소설 《푸르게 변하는 별들(가제)Stars Go Blue》의 모티브가 되기도 했다. 알츠하이머 이후 찾아온 아름다운 변화는 아버지가 시인이 된 것이었다. 하루는, 목장을 산책하다가 아버지가 주머니에서 무언가를 찾기 시작했다. "아빠, 뭐 찾는 거 있어요?" 내가 묻자 "그거 있잖니" 아버지가 대답했다. "나무의 한 조각!" 종이란 단어가 생각나지 않았던 아버지는 "나무의 한 조각"이라는 말을 만들어냈다. 시 그 자체였다! 그 순간 나는 아버지와 같은 처지의 누군가를 화자로 한 소설을 써야겠다고 결심했다. 끔찍한 병 때문에 언어를 잃어버린 아버지는 무릎을 치게 만드는 표현으로 자신의 생각을 똑똑히 전달하는 능력을 얻게 되었다.

시간이 점점 흐를수록 아버지와의 산책을 통해 나는 세월의 덧없음을 절실히 깨닫게 되었다. 그리고 우리 자신뿐 아니라 타인을 위해서도 하루빨리 그 덧없음을 깨달아야만 한다는 것을 배웠다.

당시 나는 이런 주제에 관해 아이들과도 대화를 나누기 시작했다. 무척 많은 대화를 말이다. 아이들은 이제 알고 있다. 내가 너무 늦기 전에 이 나라에서 벌어지는 담론의 방향이 큰 변화를 맞길 바란다는 것을. '자연사', '의료적 처치 거부', '죽음의 기술'이란 단어가 지금보다 더욱 자주 등장하고, 장기간의 병수발을 지지하는 현재의 문화적 시대정신을 거부하는 세상이 오길 바란다는 것을 내 아이들은 이해하고 있다.

아버지와 함께 산책을 한 수년 간의 시간 동안 나는 내 자신이 알츠하이머에 걸린 환자로 분해 죽음을 연습했다. 쉽지 않은 연습이었다. 스스로 목숨을 끊는 것이 내 선택지였으니까. 하지만 내가 바라는 대로 흘러가지 않을 상황을 대비해 대안을 세워두기도 했다. 어떤 시설이 가장 좋은지, 어떤 문서를 작성해야 하는지 살폈고, 이 모든 과정을 누구와 상의할지도 결정했다. 이러한 경험에서 가장 큰 소득은 내가 어떤 죽음을 맞이하고 싶은지 확실히 깨달았다는 것이다. 내 몸이 하는 말에 귀를 기울이고, 우아하게 죽음을 맞이하고, 필요하다면 젊은 나이에 세상을 떠나고, 좋은 선례를 남기고, 장수와 병치레의 새로운 기준을 제시하는 것이 내가 바라는 죽음이었다. 나는 필요하다면 스스로 목숨을 끊을 준비도 의지도 있을 뿐 아니라, 어떻게, 언제, 어디서 그 일을 행하게 될지도 생각해두었다.

아버지와 아름다운 순간을 나누기도 했지만, 솔직히 말하자면 그 순간이 자주 찾아오지 않았고, 나와 내 아이들의 삶을 희생하는 것으로 대가를 치러야 했다. 그래서 나만은 다른 길을 가려고 하는 것이다.

과연 내가 바라는 대로 흘러가게 될까? 장담할 수 없다. 하지만

한 가지 확실한 것은, 죽음 앞에서 용기를 잃고 두려움에 잠식될 때, 나는 두 눈을 감고 세상을 향한 희망으로 가득 찬 딸아이의 반짝이는 파란 눈과 정치와 철학 이야기를 할 때면 머리를 살짝 기울이는 아들의 모습을 떠올릴 것이다. 그리하면, 바라건대 이 아이들이 누릴 삶의 질을 위해 내가 할 수 있는 최선의 선택을 할 용기를 얻을 수 있을 것 같다.

죽음의 타이밍에 관한 마지막 한마디

얼마 전 브루스 그레이엄 각본의 연극 〈썰물The Outgoing Tide〉이 끝난 후 생애 말기 치료를 논의하는 자리에 패널로 초대되었다. 알츠하이머 환자인 남자 주인공이 보트를 타고 바다로 나가 목숨을 끊는다는 내용이었다. 다양한 사람이 초청된 자리에는 최근 존엄사 입법안을 제출한 콜로라도 정치인을 비롯해 알츠하이머 연구 전문가와 '연민 그리고 선택Compassionate & Choices(존엄사에 대한 환자의 권리를 주장하는 비영리 단체-옮긴이)'의 대변인이 함께했다. 생애 말기 치료에 대해 수많은 의견이 상충하는 것을 보여주듯 청중의 의견이 다양하게 갈렸다. 그중에서도 죽음을 앞당기는 모든 행위가 우리를 지옥으로 떨어뜨릴 거라고 목소리를 높이는 몇몇 사람들이 눈에 띄었다. 반면, 대다수의 청중들이 한 질문과 의견을 들어보면 이들과는 반대의 신념을 갖고 있다는 것을 알 수 있었다.

그때 나는 내가 목격한 죽음에 대해 생각하게 되었다. 죽음을 선택한 사람들이 죽음을 피하는 사람들보다 더욱 큰 평온을 누리는 건 아닐까 하는 복잡하고도 불편한 생각에 빠져들었다. 그러곤 나 자신도 무척 놀랐는데, 내가 '스스로 선택한 죽음/조력자살'을 '평온한 죽음 카테고리'로, 모든 수단을 동원해 삶을 연장한 후 맞이한 죽음을 '평온하지 않은 죽음 카테고리'로 분류하고 있다는 것을 깨달았다. 내가 갖고 있는 기준은 전혀 과학적이지 않지만 두 종류의 죽음이 어떻게 다른지 보여주는 사례가 있다.

내가 생각하는 '좋은 죽음(?)'의 사례는 이랬다.

아흔여덟 살의 지인 한 분이 몸에 이상이 생기기 시작했다. 한평생 목장과 함께했던 그는 유명한 정치인이자 내가 어렸을 때 스키를 타던 리조트를 만든 분이기도 했다. 총명하고 의욕적이며, 크게 생각할 줄 아는 분이었다. 그런 그가 나이가 들고 늙어갔다. 건강이 나빠졌고, 1년 정도 입원과 퇴원을 반복했다. 병원을 마지막으로 방문했을 때 의사는 그에게 남은 평생 산소 호흡기에 의존해야 한다고 말했다.

그는 자신의 아들을 올려다보며 말했다. "이제 목장 일은 못한다는 말이겠지?"

그의 아들은 고개를 끄덕였다.

그는 무척 조심스럽게 산소 호흡기를 벗었다.

한 시간 후 가족들에게 둘러싸여 죽음을 맞이했다.

그는 스스로 결단을 내렸다. 자신이 떠날 시간이라고 생각했다.

내 가족 중 한 명은 그보다 훨씬 슬픈 죽음을 맞이했고, 죽음을 끝내 거부하던 그녀의 모습은 그녀뿐 아니라 주변 사람들 모두에게 큰 고통을 안겨주었다. 많은 사람들처럼 그녀는 두려워했다. 아마도 자신이 할 수 있는 최선을 다했으리라. 비교적 이른 나이이기도 했고(60대였다). 고집스러운 성격인데다, 아마도 자신이 원하는 대로 평생을 살아온 탓에 죽음 앞에서 미숙하게 대응했던 것 같다. 하지만 죽음이라는 운명은 그녀보다 고집스러웠다. 그녀가 숨을 거두는 순간 곁에 있던 사람은 나뿐이었고, 내가 직접 목격한 장면은 내 가슴을 무척이나 아프게 했다.

몇 년 전 암 선고를 받은 이후, 그녀는 스스로 자원한 덕분에 진행된 한 실험적 치료를 꽤 오랫동안 받았다. 더 이상 집에서 생활하기 어려운 상황이 왔음에도 그녀는 자신을 시설로 옮기려는 친척들에게 화를 냈다. 그녀는 우리와도 함께 살고 싶어 하지 않았고, 그녀의 딸과도, 여동생과도 함께 살고 싶어 하지 않았지만, 어쨌든 살고 싶어 했다. 자신이 죽어간다는 사실에 분노했지만, 내가 아무리 노력해도 자신의 속마음을 털어놓으려 하지 않았다. 분노는 그녀의 방어막이었다.

죽음이 다가올수록 – 죽음은 너무도 명백하게 가까워지고 있었다 – 나는 그녀가 죽음에 대해, 반드시 죽음이 아니더라도 무엇이든 이야기를 하거나 마음의 평안을 얻기를 바랐다. 결국 어떤 시점이 되면 그녀도 마음의 준비를 해야 했으니까. 하지만 현실은 가슴 따뜻한 가족 영화와는 너무 달랐다. 마지막까지도 그녀는 마음의 평안을 찾지 못했다. 최후의 순간, 나는 그녀의 손을 잡았다. 그녀의 머리를 쓰다듬었다. "평온하시길." 계속 이 말을 반복했다. "오직 평온하시길 바랍니다. 이제 떠나셔도 돼요. 평온하시길……."

그녀는 정면을 응시하고 있었고, 여전히 분노와 슬픔을 여실히 드러내고 있었다. 그녀의 곁에 앉아 손을 잡았다. 그녀의 발을 어루만졌다. 두 손으로 그녀의 몸을 쓰다듬었다. 한 손을 그녀의 머리에 두었다. "평온하시길."

하지만 그녀는 끝내 평안을 찾지 못했고, 나도 마찬가지였다. 환자와 교감하고, 마음과 사랑을 나누는 멋진 시간이 될 수도 있었다. 하지만 (내 병을 건사하고 아이들을 키우는 동시에) 수년간 곁에서 항암 치료 과정을 함께하고, 그녀를 태워 이곳저곳으로 운전하던 세월 은 내게 피곤함만 남겼다. 그녀의 생명이 꺼져가는 순간, 우리 둘 다 비통하고 화난 상태로 앉아 죽음을 맞이했다.

얼마 후 그녀가 숨을 거두었다. 무슨 일부터 해야 할지 종잡을 수가 없었지만, 내가 죽은 후 내 영혼이 창문을 통해 나갔으면 좋겠 다는 생각으로 창문부터 열었다. 자리에 다시 앉아 고인을 바라보 며, 끔찍하게도 이런 생각이 들었다. '드디어 끝났네.'

나는 다신 한번 "평온하시길." 읊조렸다. 그녀에게도 나에게도 모두 평안이 찾아들기를.

나는 충분히 휴식을 취하고 나서, 한 달여가 지나서야 그녀의 죽 음을 애도할 수 있었다. 그때 비로소 그녀의 죽음을, 죽음에 이르기 까지 그 모든 일들을 슬퍼했다.

상당히 많은 사람들이 내가 겪은 것과 비슷한 경험을 한다. 비극 적인 일이다. 보호자는 병수발을 하느라 잔뜩 지치고, 환자는 죽음 과의 싸움으로 지쳐 가느라 아주 중요한 것들을 놓치고 만다. 나중 에서야 '다시 그때로 돌아갔으면' 하는 생각이 든다.

그녀의 죽음은 훨씬 성스러울 수 있었다. 이 일 이후 나는 죽음을 원래 모습대로, 신성하고 특별하며 따뜻한 무언가로 되돌려놓아야 한다는 생각을 하게 되었다.

죽음은 의학의 실패도, 한 인간의 실패도 아니다. 삶의 자연스러운 결말일 뿐이다. 목장주였던 지인은 이 사실을 알고 있었던 것 같다. 삶의 어떤 단계에 접어들면, 공격적인 의학적 치료는 법으로 허용된 고문이 될 수도 있다. 두 개의 죽음을 비교할 때마다 단 한 가지 생각만 들었다. 우리 모두 사랑하는 사람을 올려다보며 얼굴을 덮고 있는 산소마스크를 직접 벗어낼 수 있기를.

어려운 일이란 것을 안다. 죽음만큼 우리를 집어삼키는 것은 없다. 우리는 죽음에 지나치게 예민하게 반응하고, 죽음을 지나치게 두려워한다. 그러나 죽음은 어쩌면 우리의 삶을 풍성하게 만드는 두려움이다. 결국, 이 두려움이 우리가 살아나가야 할 삶의 방향을 제시해줄 것이다. 달아나거나 외면하는 것으로는 해결할 수 없다. 훌륭한 테라피스트라면 두려움을 마주해야 그것으로부터 자유로워질 수 있다고 말할 것이다. 우리는 마주해야 한다. 함께, 그리고 홀로. 마지막 순간을 위하여. 갑작스러운 죽음이든 지난한 죽음이든, 우리가 아주 조금만 노력한다면 죽음은 우리에게 내려진 은총이 될 수도 있다.

2부

삶!
삶의 기술 특강

죽음 후에 무엇이 펼쳐질지 모르는 두려움,
그 어떤 여행객도 돌아온 예가 없는 미지의 세계에 대한
두려움이 죽음에 대한 결심을 악해지게 만들지.
— 윌리엄 셰익스피어

5장

내가 죽는다고?
그럼 어떻게 살아야 할까?

죽음은 실패가 아니다. 하지만 형편없이 사는 것은 실패인지도 모른다.

"죽음을 삶의 조언자로 삼아라."

죽음을 연구하는 과정에서 몇 번이나 맞닥뜨린 말이었고, 내가 좋아하게 된 말이다. 죽음은 우리가 어떻게 살아야 하는지를 가르쳐준다. 이 책을 집필하는 동안 한 가지 깨달음이 찾아왔다. 바로, 죽음은 우리를 잡으러 오는 것도, 불가사의한 힘도, 커다란 망토를 뒤집어 쓴 저승사자도 아니라는 것. 죽음은 우리 안에 내제된 무언가이다. 삶의 일부이자 그리고 나뭇잎에, 시들어가는 꽃잎에, 우리의 시선이 닿는 모든 것에 새겨진 자국의 일부이다. 내가 할 수 있는 일은 죽음이 실로 내 안에 존재한다는 것을 마음에 새긴 채로 이 삶을 잘 살아나가는 것뿐이다.

그래서 나는 더욱 밝게 살았다.

사실 나 자신을 우울한 사람이라고 생각해본 적은 없다. 매순간 죽음을 떠올리며 먹구름을 몰고 다니는 사람도 아니었다. 사람들은 나를 밝고 활기 넘치며 행복한 사람이라 생각한다. 내가 절대적으로 확신할 수 있는 단 한 가지는 죽음을 거부하지 않으며 살아갈 때, 삶은 오히려 생기를 얻는다는 것이다. 우리에게 유일한 재산은 시간이며, 시간의 유한함을 깨우칠 때 비로소 그것에서 자유로워질 수 있다.

죽음을 우리 삶의 조언자로 삼아 이제부터라도 잘 살 수 있는 방법을 정리해보았다.

죽음을 삶의 조언자로 삼는 방법

집필을 위해 뉴질랜드에서 생활하는 동안 나는 그 나라만의 귀여운 어법에 마음을 빼앗겼다. 예컨대, '테이크어웨이Takeaway'는 거의 모든 레스토랑 창문에 붙어 있는 기발한 단어로, '포장해 갈 수 있는 음식'을 뜻한다. '와, 정말 좋은 생각인데! 몸에 좋은 음식을 바로 포장해 갈 수 있다면 굳이 감자튀김을 살 필요가 없잖아!' 이런 생각이 들었다.

그 단어와 사랑에 빠진 나는 아픈 사람, 죽어가는 사람, 그리고 내 삶을 활기차게 살아야 한다는 사실을 각성하게 해준 사람들이 전해준 훌륭한 충고를 모아 '테이크어웨이 목록'을 만들었다.

시간을 가벼이 보내지 않는다

곧 죽는다는 것을 알게 된 이상 시간을 가벼이 보내선 안 된다.

시간을 낭비하는 방법이야 수천 가지도 넘겠지만 말이다. 바다만큼 시간이 넘친다고 생각한다면 약간의 낭비야 별 문제가 없겠지만, 우리는 그렇지 않다는 것을 너무 잘 안다. 휴식을 취하거나 생각을 하거나, 친구들과 어울리거나, 구름을 올려다보는 데 시간을 써서는 안 된다는 말이 아니다. 오히려 이런 것들은 삶의 또 다른 의미를 주는 시간들이다. 다만, 뭔가를 하고는 있지만 실상 별 의미 없이 시간을 흘러보내고 있다는 생각이 들 때가 있다. 꼼짝없이 있거나, 멍하니 있거나, 밤새 술을 마시거나, 담배를 태우는 등 나를 포함해 우리 모두 시간을 버리는 방법 수십 가지쯤은 잘 알고 있다. 물론 나 역시도 멍하게 시간을 보낼 때가 있지만, 건강한 멍 때리기와 우리의 삶을 잠식당하는 것은 분명 다른 이야기다. 시인 윌리엄 스태포드가 멋지게 표현한 것처럼 갑자기 인생이 "연기처럼 흩날리고 있다"는 것을 깨닫게 되는 순간이 있다. 눈 깜짝할 새 세월이 흘렀다고 느끼는 이유는 밀도 없는 삶을 보냈기 때문이다.

삶을 분산시키지 않는다

앞에 나온 내용과 유사하지만, 분명 다른 점이 있다. '가벼이 보내다^{Dilute}'는 사전에 따르면 '무언가를 희석하거나 약화시킨다'는 의미이지만 '집중을 분산시킨다^{Distract}'는 '현재 하고 있는 일이나 생각에서 관심을 다른 데로 돌린다'로 정의하고 있다. 우리의 삶을 분산시키는 크고 작은 일들 대부분은 무의식적으로 벌어진다. 우리가 방심해서 벌어지는 일들이다. 크게는 좋지 않은 사람과 연인관계를 유지하는 것이 있다. 어느 정도는 즐거움을 느낀다는 핑계로 관계를 계속 유지하려 한다. 작게는 30분 동안 저질 TV 프로그램을 시청하는 일이 있다. 약간이나마 재미를 느끼기 때문에 계속 보게 된다. 작은 것들이 모이면 큰일이 되기 마련이다. 내 인생에 의미 있는 활동이 무엇이고, 그저 시간을 죽이는 활동은 무엇인지 냉정하게 분석한 후에 내 삶은 전환점을 맞이했다. 시간의 흐름조차 인식하지 못하고 사는 것은 삶이 아니다.

소셜미디어에서 '죽을 때 후회하는 다섯 가지' 유의 글을 수없이 봤을 것이다. 그 다섯 가지 중 하나는 바로 '타인의 기대가 아닌 내게 충실한 삶을 살아갈 용기를 냈더라면'이다.

내 삶에 대입해보자면 캠프파이어로 비유할 수 있겠다. 나는 어떤 불이 되고 싶은가? 캠핑을 자주하는 나는 그을음과 연기만 내는 불로 살고 싶지는 않다. 성가시기만 하고, 몸을 데우거나 요리를 할 수도, 젖은 신발을 말리지도 못하는 그런 불은 싫다. 나는 제대로 된 모닥불로 살고 싶다. 땔감과 바람 환경에 따라 불씨가 잦아들기도 할 테지만, 다시금 활활 밝게 피어오르는 삶 말이다. 내가 죽게 될 거라는 사실을 깨닫는다면 내가 어떤 불씨로 살고 싶은지가 좀 더 명확해질 것이다. 나는 계속해서 스스로에게 묻는다. 내게 충실한 삶, 내가 원하는 삶을 살고 있는가?

넓은 마음으로 세상을 본다

불교에는 이런 말이 있다. "마음이 좁으면 문제가 커진다. 마음이 넓으면 문제가 작아진다."

나는 이렇게 해석한다. '좁은 마음'은 모든 일을 크게 받아들인다. 머리 스타일이 별로고, 입은 옷이 마음에 들지 않으면 기분이 나빠지고, 내가 만나는 사람들에게도 이 나쁜 기운이 전염된다. 그러나 '넓은 마음'이면 너른 시각으로 세상을 바라볼 수 있게 된다. 죽는다는 것을 안다면, 그리고 그 사실을 항상 염두에 둔다면, 입고 출근하려 했던 하얀 셔츠에 블루베리가 떨어진다 한들 호들갑을 떨진 않을 것이다. 죽는다는 것을 안다면 친구가 차를 마실 때 내는 소리가 더 이상 거슬리지 않을 것이다. 여전히 신경이 쓰이긴 하겠지만, 마음이 넓어진 이상 그런 것들은 사소한 문제로 그친다.

현재 = 마음의 평안

내가 좋아하는 말이 있다. 아마도 모든 사람들에게 적용될 것이다. "불안함을 느낀다면 미래를 살고 있는 것이다. 우울함을 느낀다면 과거에 머물러 있는 것이다. 마음이 평안하다면 현재를 살고 있는 것이다." 나도 미래를 떠올리며 불안함을 느끼고, 과거의 잘못된 삶과 사랑을 생각하며 우울해하던 시절이 있었음을 인정한다. 특히나 밤이 되면, 아이들을 재우고 침대에 웅크린 채로 고통을 느끼다 내 자신을 더욱 깊숙한 고통 속으로 몰아넣고는 했다. 가끔씩은 내 아픔과 깊은 사랑에 빠질 때도 있었다. 내 고통에 애착을 느끼는 것이다. 그리 나쁜 일만은 아니다. 깊은 사색을 불러일으키는 우울함은 무언가를 발견하거나 생각을 명료하게 정리하는 계기가 되기도 하니까. 하지만 세상 모든 일이 그렇듯 우울함은 극단으로 치달을 위험이 있다. 죽음 준비를 시작한 이래로 이런 극단적인 감정에 시간을 덜 쏟고, 평안이라는 중도에 머무는 시간이 늘어났다. 순수하고 단순하지만 이르기 어려운 것이 바로 이 '평안'이다.

삶이라는 재앙을 온전히 누린다

내가 가장 좋아하는 책 중 하나인 《그리스인 조르바》^{Zorba the Greek}에서 그리스 사람인 조르바는 고루한 영국 남자에게 감정을 수용하는 법을 가르친다. 영국 남자가 조르바의 인생에 대해 물었을 때 그는 이런 말을 했다. "아내가 있습니다! 연인도요! 애들도요! 직업도요! 삶은 완전히 재앙이죠!" 극단적이긴 하지만, 조르바의 사고방식은 마음에 든다. 어리석고 부주의하며 미래에 대한 계획이나 타인의 감정에 대한 배려 없이 살아야 한다는 뜻은 아니다. 미래를 위해 저축하는 것도, 배우자에게 신의를 지키기로 약속한 이상 외도를 하지 않는 것도 바람직한 일이다. 하지만 나 스스로 짚고 넘어가야 했다. 로라, 네 삶은 괜찮은 거니? 삶을 완벽하게 누리고 있는 거니? 카뮈가 말한 것처럼 "눈물 나도록" 살고 있는 거니? 누구나 그런 삶을 바라는 것은 아니겠지만 나는 그런 삶을 원한다. 가끔씩 지루하다고 투덜대는 친구들도 있다. 하지만 이상하지 않은가? 돌봐야 하는 아이들에, 자원봉사 활동과 그리즐리 불곰 서식지 보호 운동에, 하다못해 요가 스트레칭도 할 수 있는데 지루하다니?

삶을 단순화한다

바로 앞에 나온 정신없이 펼쳐지는 재앙 같은 삶과는 다른 이야기인 듯 보이지만, 죽음을 내 조언자로 삼고 난 이후로 내 삶은 한결 단순해졌다. 삶이 그다지 길지 않을 것임을 알고 난 후, 내게 필요하다고 여겼던 것들 대다수가 실은 그렇지 않다는 것을 깨달았다. 죽게 될 것이라는 단순한 진리가 내 삶을 사랑스럽게 바꾸어놓았다. 나는 '진정한 무언가'만 있으면 된다. 진정한 인간관계, 진정한 활동, 내 시간을 의미 있게 보내는 진정한 방법. 나는 그저 그런 지인도 필요치 않고, 진정한 친구가 아닌 사람도 필요치 않으며, 내가 진정으로 존중하지 않는 사람들로 내 삶을 채울 필요도 없고, 내가 중요하게 여기지 않는 일에 시간을 쓸 필요도 없다. 나의 정서적 건강을 해치는 친지 몇 명도 필요치 않다. 인생을 단순화시키는 일은 쉽지 않은 도전이다. 누군가에게 "노[no]"라고 말하는 것이 힘들겠지만, 그렇게 해야 "예스[yes]"라고 대답해줄 가치가 있는 사람들에게 더욱 집중할 수 있게 된다.

흔들림 없는 자세를 유지한다

죽음을 조언자로 삼은 후 나는 최후의 순간 앞에서 선의와 용기, 용맹함과 품위로 죽음을 맞이할 수 있을 것 같다는 자신감이 (약간) 생겼다. 앞으로도 이 마음이 변치 않길 바란다. 난관에 맞닥뜨렸을 때 불교에서 쓰는 표현처럼 "흔들림 없는 자세를 유지"할 수 있게 되었다고 믿고 싶다. 나는 이 말을 '중심을 지킨다'는 뜻으로 해석한다. 분노나 욕망, 사랑과 자극을 느끼지 못한다는 의미가 아니다. 내 감정에 '적당한 거리를 둔다'는 의미이다. 죽음이라는 피할 수 없는 운명을 자신감 넘치고 침착한 자세로 마주하고 싶다.

재정적인 측면을 고려한다

죽음을 조언자로 삼는다면 돈을 많이 아낄 수 있다. 삶을 단순화하는 만큼 플라스틱 제품과 쓸모없는 물건에 돈을 덜 들이게 되기 때문이다. 사람들은 생명을 연장하는 쪽으로만 생각하는 실수를 범할 때가 많은데, 이는 경제적으로 상당히 비용이 드는 일이다. 미국에서는 31퍼센트의 사람들이 생애 말기 치료에 자신이 모아둔

돈 대부분 혹은 전부를 소진한다. 이 중 96퍼센트의 사람은 보험이 있음에도 말이다. 비용 대부분이 치료 후반부 2,3주 동안 들어간다.

돈은 중요하다. 내 고향 사람들이 함께 돌보던 한 여성은 안타깝게도 정신분열증을 앓고 있던 사람으로, 솔직히 말해 악취도 심했고 가끔씩 괴상한 소리를 질러댈 때는 공포스럽기까지 했다. 그럼에도 마을 사람들은 (그녀에게 매일 무료로 음식을 제공하던) 음식점까지 차를 태워주며 도움을 주었다. 내가 그녀를 데려다주던 날, 차에서 내리는 그녀에게 물었다. "돈을 좀 드리면 도움이 될까요?" 그러자 그녀는 뭐 이런 멍청한 말이 있냐는 얼굴로 나를 바라보며 (내가 바보 같은 질문을 한 건 사실이니까) 처량하게 말했다. "돈은 항상 도움이 되죠."

이 이야기를 꺼낸 이유는 돈은 정말로 항상 도움이 되기 때문이다. 따라서 현명하게 사용해야 한다. 자녀 혹은 친구에게 남기거나, 자선단체에 기부하기 위해서 죽음을 일부러 서둘러야 한다는 의미는 결코 아니다. 만약 삶을 연장하는 것이 개인에게 만족스러운 선택이라면 그렇게 하는 것이 과연 옳다. 손자 손녀의 얼굴을 본다는 것은 감히 돈으로 매길 수 없는 귀중한 경험이기 때문이다. 하지만 내가 여기서 말하고자 하는 것은, 코앞에 닥친 죽음을 뒤로 늦추는 데만 급급해 우리가 사랑하는 사람들이 재정적으로 고통받는 상황을 만드는 것은 아닌지, 경제적인 측면에서 우리에게 남은 선택지를 고려해봐야 한다는 점이다.

양보다 질을 고려해야 한다

어떤 사람과 이혼에 대한 이야기를 나누다 상대방이 이런 말을 한 적이 있다. "사람들은 함께한 삶의 질이 아닌 함께한 세월을 더욱 가치 있게 생각해요. 50년 간 결혼생활을 유지한 부부를 우러러보죠. 하지만 이 부부 역시 40년 동안 고통받았을 수도 있잖아요. 저요? 전 길고 지루한 한 번의 결혼생활보다 짧고 멋진 결혼 세 번을 택하겠어요. 하지만 이런 이야기는 누구도 하지 않죠. 길고 불행한 결혼생활을 유지하는 사람들이 많은데, 그게 한 해 한 해 잘 넘겼다고 축하까지 해야 할 일인가요?" 두 사람이 함께하기 위해 노력한 부분에 대해선 인정해야 하지만, 중요한 것은 양이 아니다. 삶도 마찬가지이다. 의미 있는 직업을 갖고, 중요한 사람들과 의미 있는 관계를 갖고, 타인을 돕거나 봉사하는 것이 중요하다. 그러니 우리의 삶을 의미 있고, 질적으로 우수한 일들로 채워야 한다.

이와 대조적으로 시간이 재산이라는 말이 있다. 이 또한 맞는 말이다. 양이 중요할 때가 있다. 대다수의 사람들은 20세까지 사는 것보다 40세가 낫고, 40세까지 사는 것보다 60세가 낫다고 생각한다. 솔직히 나는 시간을 원한다. 하지만 불교에서 말하는 '중도'나 그리스인들이 말하는 '중용을 지키는 태도'를 취해야 할 때도 있다. 그럼에도 여전히 질보다 양이 중요해지는 순간이 분명히 있다. 어떤 질병이나 질환, 어쩌면 노화로 삶의 양이 바닥을 보일 때 혹은 삶의 끝에 다다랐을 때이다. 하지만 이런 경우라도, 자신이 할 수 있는 한에서 삶의 질을 높이는 것이 중요하다.

· **더 나은 삶을 살기 위해 하고 싶은 일은 무엇인가?**

· **시간을 덜 쏟고 싶은 일은 무엇인가?**

· **시간을 더 들이고 싶은 일은 무엇인가?**

· **균형 잡힌 삶을 살고 있는가? 너무 정신없이 바쁘거나 혹은 너무 한가하진 않은가?**

한 가지 덧붙이자면, 건강한 사람이 "충만하게 살아라! 삶에 집중하라! 삶이라는 재앙을 온전히 받아들여라!"라고 말하기는 쉽고, 건강하지 않은 사람이 이런 말을 하는 사람들에게 적대감을 갖는 것도 타당하다. 한 예로, 아끼는 친구 한 명이 원인불명의 고통스러운 섬유근육통 진단을 받았다. 아는 사람은 알겠지만, 치료와 검사 절차가 굉장히 복잡한 병이다. 일상생활에서 99.8퍼센트는 컨디션이 최악으로 치닫는 생활을 해야 한다. 그는 나와 자주 죽음에 대해 대화를 나누는 절친한 친구 중 한 명이지만, 죽음에 대한 대화는 아무리 해도 결코 쉬워지질 않는다. 지질학자이자 야외 활동을 즐기던 과거의 삶을 그리워하던 그는 이제 그의 표현대로 "그저 숨만 쉬며" 시간을 보내고 있었다. 이 책의 초고를 읽었을 때 그는 자신이 "숨만 쉬기에도" 바빠 책 속 리스트 중 어떤 것도 할 수 없는, 혹은 하지 않는 생활을 하고 있는 것 같다며 굉장히 슬퍼했다. 그는 "불꽃" 같은 삶을 살고 있지 않다는 생각이 들었다고 했다. 과연 그는 삶을 사랑하지 않았다. 그는 순간을 풍요롭게 하는 삶을 살고 있지 않았다.

나는 말문이 막혀버렸다. 그리고 이내 그의 말에 일리가 있음을 깨달았다. 하지만 그의 말에 반박했다. 그는 자신의 한계 안에서 위에 나열된 일들을 모두 하고 있었다. 가령, 최신 연구 자료를 조사하고, 의사 혹은 자신의 병에 도움을 줄 수 있는 사람들을 찾아다니는 데 얼마 남지 않은 기력을 모두 쏟고, 너저분하지만 나름의 멋진 정원을 꾸미며, 가능한 한 친환경적인 삶을 살기 위해 노력하고, 다른 사람들에게 삶을 생각해볼 수 있는 계기를 만들어주고 있었다. 그는 진지하게 고민하고, 진심을 다해 웃는다. 물론 옛날처럼 캠핑을 하거나, 다른 세상을 탐험하거나, ESL 수업에 자원봉사를 하지는 못할 것이다. 그러나 자신의 능력 안에서 그만의 방식으로 위에 나온 일들을 몸소 행하고 있었다.

그러니 앞에 소개된 리스트가 젊고 건강한 사람들에게만 해당되고, 늙고 병들고 건강하지 않은 사람이 따르기에는 너무 어렵다고 느낀다면, 우리가 갖고 있는 패 안에서 최선의 삶을 사는 것이 우리의 사명임을 다시 한 번 명심해야 한다. 내게도 해당되는 말이다. 내가 갖고 있는 병으로 고통이 극에 달했을 때, 그저 숨 쉬는 것 외에는 아무것도 할 수 없다는 생각을 했지만, 이제는 그 경험을 평온한 마음으로 떠올리며 감사하게 여기고 있다. 나는 좋은 순간에도, 힘든 순간에도 삶에 적응해나가며 다음의 내용을 항상 떠올릴 것이다.

- 죽음을 생각하지 않는다면 우리는 삶을 존중하는 법도 잃게 된다.
- 죽음을 피한다면 우리는 시체와 다름없는 삶을 살게 된다.
- 우리의 삶에서 약속된 무언가를 부정하며 사는 것은 옳지 않다.

- 삶은 연약하고 불확실하다. 하지만 죽음은 다르다. 죽음은 예외가 없으며, 예상 가능하고, 확실하다.

- 또한 죽음은 삶을 분명하게 만든다.

- 죽음에 감사하고, 죽음을 경건하게 여기며, 죽음에 대해 명상하고 사색하는 영적 상태. 이런 태도가 실상 우리의 삶을 가치 있게 만든다.

- 그리하여 나는 매일같이 반복한다. "죽음을 당신의 조언자로 삼아라."

통증과 함께하는 삶, 결국 많은 사람들이
죽음 전에 맞닥뜨리는 삶이다

당사자들은 인정하지 않을 수도 있지만, 만성 통증으로 고통받는 사람들 가운데 죽음을 떠올리지 않는 사람은 거의 없을 것이다. 뿐만 아니라, 만성 통증은 삶에 대해서 다시 생각하게 만들고, '새로운 일상'을 어떻게 살아가야 할지도 고민하게 만드는 병이다. 통증은 어떻게 살아야 할지 혹은 어떻게 죽어야 할지를, 그리고 통증에 갇힌 몸으로 최선을 다해 삶과 죽음에 다가가기 위해선 어떻게 해야 할지를 생각하게 만든다.

이 책을 집어든 독자 가운데 어쩌면 지금 통증과 함께하는 사람들도 있을 거란 생각에 이 꼭지 하나를 따로 마련하게 되었다. 죽음을 떠올리게 만드는 만성 질환은 성가시고 끔찍한 육체적 고통을 수반한다. 안타깝게도 만성 질환과 통증은 뗄 수 없는 관계일 때가 많다. 이 꼭지는 내가 당신에게 전하는 "잘 알아요, 정말 지옥 같죠" 의미를 담은 진심어린 포옹과도 같다.

나도 대단히 끔찍한 고통 속에서 살았다. 30대 때 그다지 심각하지 않은 자동차 사고 이후 통증과의 질긴 악연이 시작되었다. 아이들이 앉아 있는 뒷좌석으로 고개를 돌려 "거미가 줄을 타고 올라갑니다" 노래를 부른 것을 마지막으로 내 몸은 이전과 달라졌다. 목이 완전히 망가졌고, 목이 원인인지 아니면 기막힌 우연의 일치인지는 몰라도 왼쪽 안구와 뺨 뒤편으로 통증이 밀려오기 시작했다. 이가 아팠다. 아니, 아픈 곳은 눈이었다. 아니, 목이 아픈 거였다. 아니다, 분명 이가 아픈 게 맞았다. 각 분야의 전문가들을 찾아다녔고, 이를 몇 개 발치하고, 목의 신경을 제거하고, 보톡스도 맞고, 물리치료사와 마사지 전문가, 신경과 전문의, 한의사, 정형외과 의사를 모두 만났다. 이런 치료들이 많은 도움이 되었다. 만약 문제를 조금씩 좁혀나가며 다양한 방법을 동원해 적극적으로 치료받지 않았다면, 아마도 지금쯤 통증 때문에 제정신을 차리기 어려운 지경이었을 거라고 확신한다. 당시 나는 내 몸을 돌보는 일에 하루 종일 매달려야 했다. 그리고 하루 종일 돈을 써야 했다. 그와 동시에 온몸 구석구석 다양한 통증을 마주했다. 애써 통증을 무시도 해보고, 약을 주입하고, 온갖 저주를 퍼붓고는 사정도 해보고, 돌고 돌아 결국에는 통증에 맞서야만 한다는 것을 깨달았다.

오랜 여정 끝에 3차신경통이라는 제법 타당해보이는 병명이 나왔지만, 이미 병명이 중요한 상태가 아니었다. 당시 나는 통증의 원인을 밝히는 것보다 이 통증과 더불어 어떻게 살아야 할지, 어떻게 통증을 관리해야 할지가 더욱 중요했다. 덕분에 내 나이보다 이르게 입문해야 했던 통증의 세계에는 명상과 마음챙김 같은 최첨단 신기술이 가득했다. 결국 내게 가장 큰 도움이 되었던 것들이기도 하다.

통증과의 여정은 산에서 열리는 한 수행 프로그램에(나는 이런 수련회를 정말 좋아한다) 참여하면서부터 시작되었다. 콜로라도 북쪽의 작은 산에 자리한 샴발라 마운틴 센터Shambhala Mountian Center에서는 '마음챙김에 기반한 스트레스 해소Mindfulness Based Stress Reduction' 혹은 MBSR이라고 불리는 유명한 프로그램을 개최하는데, 이 타이틀이 프로그램의 의도를 100퍼센트 반영하지 못한 것 같아 신경에 거슬렸다. 그저 '스트레스 해소'라고 이름 붙여선 안 되었다. 개인적으로는 '신경질 나는 일이 벌어졌을 때도 삶을 마주하는 방법'이라고 고쳐 불러야 한다고 생각했다. MIT에서 분자생물학 박사 학위를 취득한 존 카밧진Jon Kabat-Zinn이 창시한 이 프로그램은 명상의 개념을 의학에 접목해, 순간을 인식하는 마음챙김 수련이 인간의 정서와 신경계, 면역체계에 영향을 미친다는 것을 측정 가능한 방법을 통해 밝혀낸 덕분에 유명해졌다.

프로그램에 참여한 후 3일차 밤이 되자 미칠 것 같았다. 한 번만 더 복식 호흡에 집중하다가는 뇌가 진짜로 터져버릴 것 같았다. 머릿속에는 이미 명상수련을 하고 있는 이 아름답고 은은한 향이 나는 장소가 피에 젖은 내 뇌의 일부로 더럽혀지는 모습이 그려졌다. 그때 나는 시선을 밖으로 돌려 암컷 사슴 한 마리를 바라보았다. '아시안 알파인 가든Asian Alpine Garden'을 유유히 누비던 사슴의 모습이 열린 문틈으로 보였다. 사슴은 나뭇잎과 은빛의 여려 보이는 식물을 좋아하는 듯했다. 끝이 검은 꼬리가 경쾌하게 흔들렸다.

물론 다른 참가자들은 기쁜 얼굴로 자신의 생각을 구름처럼 흘려보내고, 의식을 호흡에 집중시켜 마음속 들끓는 폭풍을 잠재우며 이 세상을 더 나은 곳으로 만드는 데 일조하고 있었다. 그들은 내 주위로 동그랗게 앉아 지혜와 연민, 선함을 찾아 평온하게 호흡하고 있었다. 실제로 어땠는지는 몰라도 내 눈에는 그렇게 보였다. 하지만 나는 아니었다. 나는 이미 내 몫의 수련은 다했다고 생각했고, 이제는 사슴을 보며 머리를 식혀야 했다.

끔찍했다. 나는 방석 위에서 자세를 바꾸고 머리를 긁적였다. 내가 왜 이곳에 오게 되었는지, 왜 하필 이런 지겨운 통증에 갇히게 되었는지, 뭘 어쩌겠다고 수련 프로그램에 참가하겠다고 덤볐는지 생각했다. 명상이 요즘 시대적 문화정신이자, 일상을 벗어날 좋은 기회여서? 자꾸 고통을 더해가기만 하는 신경학적 질환과 그 끔찍함에 적응하기 위해서? 결과적으로 이 프로그램이 내게 준 선물은 새로운 관점이었다. 통증과 더불어 삶을 품위 있게 사는 법을 생각해보게 만들었다.

수련 프로그램은 굉장히 멋진 스투파에서 열렸다. '스투파^{stupa}'는 부처님의 행적을 표현한 건축물로, 쉽게 말해 멋지게 생긴 사찰과 비슷하다고 설명할 수 있겠다. 이 건물은 미국에서 가장 성스러운 불교 건축물 중 하나로 손꼽힌다. 기도 깃발(불교 경전을 새긴 깃발–옮긴이)로 둘러싸인 33미터 높이의 새하얀 건물은 우리 집에서 멀지 않은, 유난히 아름다운 산골짜기에 자리하고 있었다.

더욱 깊게 배우기 전까지는 스투파와 통증에 갇힌 신경계는 아무런 연관이 없어 보였다. 그러나 이 둘은 서로 이질적인 개념이 아니었다. 스투파에서 우리의 몸이 어떻게 기능하는지, 특히나 신경계와 내 몸을 어디까지 지배할 수 있는지에 대해 진지하게 생각해본 시간은 나에게 해줄 수 있는 최고의 선물이었다.

독자들 가운데 내가 '통증 완화를 위한 여정'이라고 부르는 '신경계 연구'를 해본 사람이 있다면 대뇌변연계, 자율신경계, 신경전달물질, 통증 양상, 인지 행동 치료와 같은 단어와 친숙할 것이다. 도움이 될지는 모르겠지만, 이 의학적 용어를 넘어 내 몸을 통제하고 타협하는 나만의 방법에 대해 알려주고자 한다.

　건강을 잘 관리하는 자신만의 방법을 찾기까지 우리는 때로 대단히 끔찍하거나 우스운 방법을 시도하게 될 때가 있다. 예를 하나 들자면, 몇 년 전 허리와 목, 안면 통증을 상담하기 위해 한 치료 전문가를 찾았다. 그녀는 내 안의 불안감을 공 안에 모두 쏟아내라며 커다란 고무공 하나를 무심하게 내 쪽으로 굴려 보냈다. 나는 그녀를 한 번, 공을 한 번 바라본 후, 이건 아니다, 잘못 찾아왔다는 생각이 들었다. 내게는 맞지 않는 방식이었다.

　한편, 그 다음으로 찾아간 치료 전문가는 내 장황한 이야기를 모두 들어주었다. 계속되는 신체적 통증이 심해지면 불안함이 커지고, 불안함이 커지면 통증이 더욱 악화되는 과정, 남은 평생을 통증 속에서 살아야 한다는 두려움이 더해지는 고통, 다시 이 정신적 고통이 통증에 더해지는 악순환이 반복되며 상황이 엉망이 된다고 설명하고, 아침에 눈을 뜰 때 특히나 힘들다는 이야기를 하자 그녀는 이렇게 말했다. "오, 그럼요. 코르티솔이란 호르몬 아시죠? 하루의 일과를 준비하기 위해 이른 아침에 가장 많이 분비되잖아요?"

　음, 아니, 난 모르는 이야기였다. 내게 맞는 치료가 시작되는 순간이었다. 가장 먼저, 내 뇌를 몸보다 영리하게 만들어야 했다. 총에 맞은 듯하고, 얼얼하고, 쑤시고, 고통스러운, 통증이라는 깊고 어두운 구덩이에서 벗어나기 위해 첫 발을 떼는 순간이었다.

나는 과학을 좋아한다. 통증이라는 증상과 그 원인은 과학의 영역이다. 내가 배운 것을 정리하자면 요점은 이것이다. 수행을 통해 앞날에 대한 걱정이나 판단하는 마음을 버리고, 의식적으로 정신을 현재에 집중하는 법을 깨우칠 수 있다. 스트레스 물질은 통증 지각을 높이고, 스트레스를 감소해야 통증이 낮아지는 만큼 마음수련이 중요하다. 통증을 걱정하다 보면 뇌에서 스트레스 물질이 방출되는데, 이 물질 때문에 몸은 통증을 더욱 민감하게 느끼게 되고, 몸이 통증을 더욱 느끼는 만큼 실제로 더 큰 통증을 경험하게 되며, 다시금 악화된 통증에 신경을 쓰게 되는 피드백 루프에 갇히게 되는 것이다. 이런 상황에 닥치면 우리는 어느새 뇌가 통증에 덜 집중하도록 만드는 법을 터득하게 되는데(단기적으로는 성과가 있으나 장기적으로는 실효를 거두기 어려운 방법이다), 이 때 우리가 해야 할 일은 도리어 뇌를 통증에만 머물도록 만드는 것이다. 뇌를 통증에 머물도록 한다니, 말이 안 된다고 생각하겠지만 정확하고 효과적인 방법이다.

쉬운 일 같지만 그렇지 않다. 고도의 집중력과 정신적 노동, 그리고 시간이 필요한 일이다. 출근길에 운전을 하며, 혹은 아이들과 이야기를 하며, 발랄한 골든 레트리버의 사료가 떨어졌다는 걸 떠올리면서 할 수 있는 일이 아니다. 신경계를 새롭게 훈련시키기로 마음먹었다면 헌신하고, 침묵을 지키고, 탈진할 준비가 되어 있어야 한다. 하지만 결국 해낼 수 있다. 내게는 스투파가 수행에 가장 적합한 장소였다.

사람들이 "통증은 뇌가 느끼는 것이다"라고 하는데, 이 말은 사실이다. 손가락을 베였을 때 손가락에 이상이 감지되었으니 조치를 취해야 한다고 지시하는 것은 손가락이 아니라 우리의 뇌다. 일반적으로 뇌는 몸에 고통을 전달하여 무언가 잘못되었다는 신호를 보내는 역할을 충실히 해낸다. 그러나 열에 한 번은, 위험 상황이 지나가고 상처가 이미 치료되었음에도 통증이 지속되는 경우가 있다. 조직이 충분히 재생되었지만 신경계는 소위 '피드백 루프'라고 불리는 것을 만들어, 몸에 이상이 없는 상황임에도 부상을 입었을 때와 마찬가지로 신호를 보낸다. 이 경우 통증 그 자체가 하나의 끔찍한 질병으로 자리하게 되는 것이다.

내게 이 사실을 알려준 사람은 내가 아끼는 친구인 로리머 모즐리 박사Lorimer Moseley로, 그는 호주 출신의 재치 넘치는 임상 신경과학자이자 물리 치료사이다. 그는 통증의 생리, 신경섬유와 감각의 연관성에 대해 연구한다. 그는 사람이 손을 다쳤을 때 신경은 데이터를 수집해 이 정보를 척추로 보내고, 척추는 1차 감각 피질인 시상으로 신호를 보내며, 이 신호를 읽은 뇌는 가장 적절한 반응이 무엇인지 판단한다는 등의 주제로 글을 쓴다.

하지만 여기엔 반전이 있다. 하루 혹은 이틀 정도 통증이 지속되면 신경계가 생리적으로 변한다. 곧, 신경계가 특이성을 잃고, 통증은 더 이상 몸의 징후를 나타내는 정확한 지표가 아니게 된다. 신경계의 교란으로 전신 이곳저곳 무작위로 통증이 발생한다. 더욱 나쁜 것은, 통증을 오래 경험할수록 이 끔찍한 피드백 루프가 깊게 자리 잡는다는 것이다. 신경세포가 특정한 방식으로 활동 전위를 일으키는 체계가 생기고, 자극 없이도 지속적으로 신호를 보낸다. 그 결과 사소한 통증에도 더욱 민감하게 반응하게 된다. 전보다 작은 자극에도 통증이 유발되고, 통증 역치가 낮아진다. 뇌의 화학반응이 달라지고 신경세포는 전보다 많은 신호를 보낸다. 신경계의 위대함에 자리한 어두운 단면이다.

하지만 그 이면에는 희망이 있다는 것을 스투파에서 깨달았다. 스투파를 둘러싼 산이 지닌 아름다움과 고요함 속에서 내 신경계를 새롭게 길들일 수 있었다.

나는 이렇게 말했다. "신경계, 너는 가소성(환경에 적응하고 유연하게 변하는 성질-옮긴이)이 있잖아. 변화하고 달라질 수 있다고."

만성 통증 분야 전문가이자 나를 담당하고 있는 물리 치료사 팀 플린 박사를 포함해 전문가들이 '하행성 통증 억제기전'이라 부르는 기능을 해야 한다고 내 뇌에게 주문했다. '하행성 통증 억제 기전'이란 척수가 위험을 과하게 인식한다고 뇌가 판단하면 척수에 진정하라는 신호를 보내는 것으로, 우리의 몸에 이로운 현상이다. 뿐만 아니라, 뇌는 "어이, 척수, 지금 위험 상황을 제대로 인지하지 못하는 것 같은데."라며 '하행 촉진' 신호를 보내 우리의 몸이 자극에 민감하게 반응하도록 하기도 한다. 따라서 나는 통증을 느끼는 것이 '뇌'이고, 뇌가 위험을 과하게 인식하고 있다는 점을 항상 떠올려 통증 지각이 실제 상황과 일치하도록 해야 했다. 눈과 얼굴, 머리가 아파 몸을 옹송그리고 신음하며 내 운명을 저주하고 싶어질 때도 나는 마음을 다잡고 생각했다.

산책이 위험할까? 아니다.

스트레칭을 하거나, 크게 웃거나, 코미디 영화를 보는 것이 내 눈이나 얼굴에 추가적인 통증을 야기할까? 아니다.

지금 통증을 느끼고 있더라도 나는 이게 위험한 상황이 아니란 것을 뇌에게 인지시키기 시작했다. 덕분에 아주 기본적인 사실을 깨우쳤다. "지금 통증을 느끼고 있지만, 위험한 상황은 아니야." 이렇게 내 스스로에게 말하면 왠지 마음이 편안해졌다.

그것은 매우 섬세하게 균형을 잡아야 하는 일이기도 했다. 내가 고통을 느끼고 있음을 인정하는 것부터 시작해야 한다. 통증을 거부하면 몸은 우리의 관심을 끌기 위해 더욱 강력한 신호를 보내기 때문이다. 또한, 나는 반드시 통증과 함께해야 한다. 그와 동시에 통증을 악화시키는 '부정적인 통증 신념'을 피해야 하는데, 이에 속하는 극단적인 생각('이런, 이렇게는 살 수 없어'), 우울한 생각('내 인생이 이렇지만 않았더라도'), 수동적 대처('얼굴이 아파서 아무것도 할 수가 없어')는 통증 지각을 고조시킬 뿐이다.

이와 동시에 호흡에 집중하는 수행 역시 중요한데, 호흡은 말 그대로 신경계를 리셋할 수 있기 때문이다. 호흡을 잘하는 것만으로도 혈압과 심박이 내려가고, 스트레스 물질이 감소되기 때문에 통증 완화 프로그램에 항상 요가와 명상이 포함되어 있다.

이 모든 내용을 종합해보면, 생각은 뇌에 화학작용을 일으킨다. 다시 말해 생각은 뇌에 분명한 영향을 미친다는 뜻이다. 이는 곧 나 스스로 '통증에 반응하는 뇌의 패턴'을 바꿀 수 있다는 말이다. 아주 쉽게 설명하면, 통증을 머릿속에서 계속 재생되는 노래라고 생각하고 이 노래를 다른 노래로 바꾼다고 이해하면 된다.

이것이 내가 택한 방식으로, 누구든 MBSR 프로그램으로 도움을 받을 수 있는 처지에 있는 사람이라면 적극 추천하고 싶다. 나는 통증을 싸워야 할 대상이 아니라 동반자로 보려고 노력했다. 내가 죽음을 대하듯 말이다. 결국 죽음과 어떤 관계를 형성할 것인가는 내 선택이듯이 신경계 역시 오롯이 나만이 해결해나갈 수 있는 과제임을 깨달았다.

통증은 우리가 머리로는 깨닫기 힘든 수많은 가르침을 전해준다. 나는 몸이 끔찍한 교도소가 될 수 있다는 것을, 그 어떤 진통제와 검사, 의사도 나를 도와줄 수 없음을 알게 되었지만, 동시에 통증은 우리에게 내제된 힘과 집중력에 눈뜨는 계기가 되기도 한다.

그 날, 나는 고요한 방 안에 앉아 있었다. 극심한 피로가 찾아오자 나는 바깥으로 나가 산과 스투파를 바라보았다. 스투파는 가부좌를 튼 붓다의 모습을 나타낸 것으로, 건물 제일 꼭대기에 있는 것이 왕관이고, 꽃병 모양의 건물이 몸이며, 중하부에 나 있는 층계 네 개는 붓다의 다리를 상징했다. 비록 실눈을 뜨고 올려다봐야 겨우 볼 수 있었지만, 내가 가장 좋아하는 것은 건물의 맨 윗부분이었다. 그곳에는 깨우침의 단계를 의미하는 열세 가지 원반과 황금빛 달과 해가 있었다. 스투파는 조화와 건강, 평안을 불러오고, 이곳을 방문하는 사람들과 자연에게 복을 내린다고 알려져 있다. 콜로라도 산 속에 자리한 이 독특한 장소에는 이 말이 사실임을 믿게 만드는 어떤 힘이 있었다.

몸과 마음의 밀접한 연관성에 대한 담론은 현재 헬스케어 시스템과 문화 전반에 걸쳐 점차 중요해지는 추세인데, 나 역시 그 시류에 함께하게 되어 기쁘다. 물론 통증에 대해 애초에 이렇게까지 알게 될 일이 없었다면 좋았겠지만, 이것이 내게 주어진 삶이다.

이 이야기를 책에 소개한 이유는 통증을 받아들이는 과정이 죽음을 받아들이는 과정과 깊게 연관되어 있기 때문이다. 내게는 지식, 감정, 영성, 마음가짐을 모두 아우르는 과제였다. 이것을 깨닫기까지 아주 힘든 시간을 거쳤다. 통증을 관리하는 것이, 그리고 (죽음을 포함해) 삶이 우리에게 제시하는 문제에 대처해나가는 것이 오롯이 개인의 몫이라면, 나는 스투파를 떠올리며 위안을 얻을 것이다.

앞으로 내게 어떤 일이 또 닥칠지 알 수 없다. 어떤 날에는 지독한 통증이 찾아올 거고, 어쩌면 통증 없이 하루를 혹은 일주일을 (어쩌면 한 달을) 살아가게 될 수도 있다. 그러나 어떤 순간에도 스투파와 스투파를 바라보던 나, 그리고 짙어진 하늘과 겹겹이 이어지는 산의 물결을 떠올릴 것이다. 오직, 기도 깃발이 바람에 부딪히는 소리만이 있을 뿐 나는 고요함 속에 머문다. 그 속에서 나는 인간의 몸과 마음, 섬광을 발하는 뉴런과 그에 응답하듯 빛나는 별들의 아름다움을 발견할 것이다.

· 평소 몸 상태가 어떤가?

· 어떨 때 컨디션이 가장 좋다고 느끼는가?

· 어떨 때 컨디션이 가장 나쁘다고 느끼는가?

· 통증 속에 사는 사람들에게 어떤 조언을 전해주고 싶은가?

· **삶의 기술 특강 요약**

비록 고통과 함께하는 삶일지라도 죽음을 조언자로 삼는다면 삶에 집중할

힘을 얻을 수 있다. 삶에 충실하기 위해 내가 하는 일을 간단히 정리했다.

· **해야 할 일**

넓은 마음으로 세상을 본다.

오직 현재를 살기 위해 노력한다.

소유물, 인간관계, 의무 등으로부터 내 삶을 단순화한다.

삶이란 거대한 재앙임을 온전히 받아들인다.

침착한 마음으로 삶을 살아가며 흔들림 없는 자세를 유지한다.

내면의 감정과 건강한 관계를 유지한다.

통증과 불안을 관리하기 위해 마음챙김 같은 명상 프로그램에 참여한다.

· **해선 안 되는 일들**

시간을 가벼이 보낸다.

삶을 분산시킨다.

질보다 양이 중요하다고 여긴다.

3부

죽음 준비
지금부터 시작해야 한다

모든 이별에 앞서 있으라.
— 릴케

마음으로 해야 하는 과제

앞서 헨리 데이비드 소로가 한 말을 소개한 바 있다. 그가 죽어가던 때 누군가 그에게 "창조자와 화해했습니까?"라고 물었다. 그는 상대를 올려다보면서 "우리는 한 번도 싸운 적이 없습니다!"라고 답했다.

다툼이 없다면 우리는 이미 마음의 평안을 얻은 것이나 다름이 없고, 만약 그렇지 않다면 (창조자, 우리 안의 두려움, 자아, 가족 간의) 다툼을 피하기 위한 한 가지 방법은 미리 마음의 준비를 하는 것뿐이다. 죽음은 우리를 잡으러 오는 불가사의한 힘도, 커다란 망토를 뒤집어 쓴 저승사자도 아니다. 죽음은 우리 안에 내제된 무언가이다. 삶의 일부이다. 죽음과 편안해져야 그것을 외부에서 다가오는 어두운 무언가로 보지 않게 된다. 사실, 죽음은 곧 우리 자신이자 우리 안에서 벌어지고 있는 자연스러운 일이다.

내가 죽음이다. 죽음은 우리의 운명이다.

자, 이제 나를 포함한 많은 사람들에게 실제로 큰 도움을 주었던 '과제'를 할 차례이다. 진지한 생각과 노력이 필요한 것은 물론이고,

일주일 혹은 일 년, 어쩌면 평생이라는 긴 시간을 들여야 하는 질문도 있다. 하지만 너무 깊게 생각하다 완성하지 못하는 일이 벌어지진 않길 바란다. 그저 한번쯤 자신의 생각을 정리하고, 죽음 준비를 시작한다는 마음으로 공란을 채워나가면 된다.

3부는 지극히 사적이고도 창의적인 공간으로, 자기 성찰은 물론 두서없는 속마음을 들켜도 무방하다. "잘 모르겠다"는 답변도 괜찮다. 자신의 삶을 되돌아보고, 비록 아직 먼일이지만 죽음을 생각해보는 것이 목표이다. 아마도 수기로 적는 것으로는 부족해 타이핑을 하거나, 다시 생각하고, 수정하고, 누군가와 대화를 나누고, 또다시 재수정하는 과정을 거치게 될 것이다. 생명이 다하는 순간, 당신의 바람이 가족과 친구, 의료진에게 제대로 전달될 수 있도록 도와줄, 믿을 만한 누군가에게 '최종안'을 '제출'하기까지 말이다.

일단은 시작하길 바란다. 충분한 가치가 있는 일이라고 확신해주기 바란다. '죽음과 친구하기' 여정 속에서 나를 비롯해 많은 사람들에게 가장 큰 도움을 준 것이 바로 이 과제들이었다. 앞으로 나올 질문 가운데 그 어떤 것도 시간을 낭비하는 일이 아닐뿐더러, 질문에 답을 마친 후에는 당신의 마음이 한결 편안해질 거라고 나는 진심으로 믿는다.

3부

내가 태어난 날짜

내가 태어난 장소

현재 거주 지역

현재 나이

가족 관계

가장 가까운 친구들

건강 상태

영적·종교적 믿음

내 커리어를 표현하는 다섯 가지 단어

내 성격을 표현하는 다섯 가지 단어

살면서 가장 좋았던 기억 다섯 가지

살면서 가장 힘들었던 일 다섯 가지

내가 바라는 나의 시신 처리 방법

☐ 매장   ☐ 화장   ☐ 의학을 위한 시신 기증   ☐ 장기 기증

내 시신이 묻히거나, 유골이 뿌려지길 바라는 장소

내가 죽음을 맞이하고 싶은 장소

내가 좋아하는 음악, 향, 풍경, 음식

	변화하고 싶은 것은 무엇인가?	계속 유지하고 싶은 것은 무엇인가?
10년이 남았다면		
1년이 남았다면		
한 달이 남았다면		
일주일이 남았다면		
24시간이 남았다면		

잃어버린 것들

우리는 모두 무언가를 잃어버린다. 사람을 잃고, 건강을 잃고, 열쇠를 잃어버린다. 직장을 잃거나 집 또는 돈을 잃는 등 우리를 상당히 난처하게 하는 상실도 있지만, 이런 것들은 어렵기는 해도 결국 극복할 수 있다. 하지만 어떤 상실은, 예컨대 사랑하는 사람을 잃거나, 젊고 건강하며 생명력 넘치는 인간으로서의 자신을 잃는 것은 우리를 영원히 옭아매기도 한다. 좋은 의미의 상실도 있다. 끔찍한 관계에서 벗어나거나, 몸무게를 줄여 건강이 좋아지거나, 낯선 사람의 두 눈에 빠져 자기 자신을 잃고 설레는 때도 있다. 좋은 상실도, 나쁜 상실도 영원한 것은 없다.

잃어버린 것들의 리스트를 작성하는 것은 내가 글쓰기 수업 때마다 하는 활동이다. 학생들은 양말이나 컴퓨터를 잃어버렸다고 적기도 하고, 어떨 때는 처녀성을 잃거나, 마음을 빼앗겼다거나, 건강, 돈 혹은 꿈을 잃었다고 적는 사람도 있다. 이런 글쓰기의 목적은 상실이 우리에게 어떤 의미인지 되새기고, 타인의 상실을 진정성 있는 모습으로 대하는 법을 깨우치는 데 있다.

"이제 그만 잊어", "상실한 경험을 바탕으로 배우고 성장해" 혹은 내가 가장 싫어하는 말인 "신은 견디지 못할 시련은 주지 않아" 같은 이야기를 들을 때면 상대방을 발로 차버리고 싶어지기까지 한다. 외려 나와 타인의 상실을 진심으로 느끼고, 상실로 인한 고통이 우리가 견딜 수 있는 정도 이상임을 인정하는 편이 낫다고 본다. 노숙자, 알콜 중독자 혹은 심각한 정신 질환을 겪었던 사람들과 대화를 나눠보면 삶이 과연 우리에게 견딜 수 있는 고통만 주는 것인지 생각해보게 된다.

상실은 가슴 아픈 일이다. 상실에서 비롯된 고통을 견디는 데 내게 도움이 되었던 방법은 ①그 어떤 것도 영원하지 않다는 것에 대해 명상하고, 상실을 있는 그대로 느끼고 받아들이며, ②더 나아가 상실을 하나의 기회로 생각해보는 것이다.

우리는 숨을 쉴 때마다 과거를 상실하고 새로운 순간을 맞는다. 숨을 들이마시고 내쉬는 그 짧은 순간을 잃어간다. 이것을 깨닫는 것이 명상이고, 삶이다. 호흡하고, 호흡을 인식하고, 현재 느끼는 감정과 생각을 억누르려 하지 않되, '구름'을 바라보듯 가만히 응시하는 것.

3부

다음의 질문에는 당신이 경험한 가장 큰 상실부터 적어 내려가면 된다. 물질적 상실, 상실한 꿈, 상실한 사랑 등 카테고리를 나누어 적어도 좋다. 그러다 보면 글이나 일기를 쓰고 싶어지게 될지도 모른다.

어쩌면 마음을 열어 고통을 느끼고, 상처를 받아들이고, 우리 몸이 그 상실을 인지하도록 두어야 하는 것인지도 모른다. 작은 상실을 경험함으로써 우리는 큰 상실, 가장 거대한 상실 앞에서 흔들리지 않을 수 있게 된다. 가장 거대한 상실이란 곧 우리 자신의 죽음일 것이다.

당신이 잃어버린 것들

오늘

이번 주

올해

지금껏 살아오면서

삶을 통틀어 내가 진정으로 잃어버린 것은 무엇인가?

왜 잃어버렸는가?

잃어버린 것을 여전히 그리워하는가?

상실의 고통에서 치유되었는가?

내게 '치유'란 어떤 의미인가?

그 상실을 떠올릴 때 어떤 기분이 드는가?

누군가를 원망하고 있는가?

상실이 내게 가르쳐준 것은 무엇인가?

내 삶에게 보내는 편지

삶에게 보내는 편지를 계속 써나간다면 어떨까? 당신은 어떤 사람인가? 어떤 신념을 갖고 살고 있는가? 어떤 인생을 살고 있는가? 당신의 삶에게 무슨 말을 하고 싶은가?

광범위한 주제인 만큼 이 파트는 특히나 부담스럽게 느껴질 수도 있다. 나는 가벼운 마음으로 조금씩 시작했다. 다시 말해, 자유롭게 글을 쓰기도 했고, 그림을 그리거나 단순한 메모로 채울 때도 있었다. 그렇게 자료를 쌓아나가며 1년에 한 번씩 정리하는 프로젝트로 삼고 있다. 어쩌면 평생토록 내 삶에게 보내는 편지를 완성할 수 없을지도 모르지만, 해가 갈수록 편지 내용이 점차 깊어지는 것만은 확실히 느끼고 있다.

작별 인사를 합니다

자녀에게 편지를 써본 적이 있는가? 배우자에게는? 당신을 괴롭힌 사람에게는? 당신에게 못되게 굴었던 형제 혹은 자매에게는? 혹은 당신에게 친절함을 베푼 낯선 사람에게는?

당신이 하고 싶은 말을 모두 적었는가? 지금 편지를 써두고 언제든지 수정하면 된다. 남은 사람들에게 전할 당부사항을 적어두길 바란다.

이 편지는 언제 보낼 것인가? 지금? 혹은 당신이 죽을 때 보내게 될 편지인가? 수신자가 몇 살쯤 되었을 때 발송하고 싶은가? 혹은 절대로 보내고 싶지 않은 편지인가?

마지막 당부사항

내가 사과해야 할 사람은 누구인가?

해명의 편지를 보낼 사람은 누구인가?

사랑의 편지를 보낼 사람은 누구인가?

분노를 담은 편지를 보낼 사람은 누구인가?

내가 용서할 준비가 된 사람은 누구인가?

내가 죽는 순간 듣고 싶은 말들

삶을 마치는 순간 누군가 당신에게 들려주었으면 하는 말을 적어
보자. 당신의 귓가로 전해질 가장 마지막 말을 직접 적어보는 자리이
다. 따라서 시처럼 한 마디 한 마디가 큰 의미를 지니게 될 것이다. 내
경우, 죽음에 이를 때 듣고 싶은 말들을 생각하다 보니 내가 삶에서
가장 아끼고 사랑했던 것이 무엇이었는지 깨달을 수 있었다.

내가 죽을 때 듣고 싶은 말들은 무엇인가?

누가 내 곁에서 이 말을 해주길 바라는가?

내 죽음을 방해할 것 같은 사람, 그때 함께해선 안 되는 사람이 있는가?

어떤 장례식을 원하는가?

당신의 장례식이 어떤 모습이길 바라는지 적어보자. '나의 장례식'을 직접 그려보는 것이다. 어떤 음악이 흐르고, 누구를 초대할 것인가? 어디서 열리길 바라는가? 자연을 사랑하는 사람이라면 야외에서 열리는 장례식은 어떨까? 자신이 좋아하는 어떤 장소가 있다면 그곳이 될 수도 있지 않을까? 아주 구체적으로 묘사해보자. 당신이 원하는 것이 무엇인지 사람들에게 알려주는 자리이다. 당신의 마지막 파티나 다름없다! 만약 "상관없어, 어차피 난 죽고 없는데 뭘."이라고 생각한다면 조금 더 너그러운 마음을 갖기 바란다. 장례식은 당신이 남기고 간 사람들을 위한 자리이다. 당신은 몰라도, 이들에게는 중요한 의미가 있다.

또 한 가지 생각해볼 것이 있다. 장례식을 죽어서 치르고 싶은가, 살아서 치르고 싶은가? 〈겟 로우Let Low〉라는 영화 속 심술궂은 은둔자 로버트 듀발Rober Duvall은 자신이 갖고 있는 어두운 비밀 한 가지를 가슴에 품은 채 죽고 싶지 않아 살아생전 장례 파티를 열기로 결심하며 우리의 웃음을 (그리고 눈물을) 자아낸다. 영화 배경이 되는 1930년에는 결코 흔치 않은 장례식이었다. 《모리와 함께 한 화요일Tuesday with Morrie》 역시 죽기 전에 미리 치르는 장례식을 아름답게 그려냈다. '생전 장례식'이라고 부르기도 하는 이런 장례식은 요즘에는 드물지 않은 형태인데, 결혼식과 장례식을 섞어놓은 듯한 분위기로 치러진다. 누군가를 떠나보내는 슬픔과 더불어 그를 기리고 생전의 삶에 존경심을 표하며 함께 축배를 드는 자리이다.

〈시애틀타임스Seattle Times〉에 소개된 한 여성은 스스로 생을 마감하기 전(루게릭 병으로 알려진 근위축측삭경화증을 앓고 있었다) 친구들을 불러 사흘 간 파티를 열었다. 초대된 손님에게 부탁한 단 한 가지 요청사항은 부디 자신의 앞에서 눈물을 보이지 말아 달라는 것이었다. 내 마음에 꼭 들었던 그녀의 초대장에는 이렇게 적혀 있었다. "강한 정신력과 열린 마음이 필요한 이 파티는 여태껏 당신이 초대받았던 그 어떤 파티와도 다릅니다." 다행히도 많은 사람들이 찾아와 그녀에게 아름다운 작별인사를 건네주었다.

사람들이 내게 이렇게 굿바이 인사를 전했으면 좋겠다

대화를 나누고 싶은 사람과 그렇지 않은 사람은 누구인가?

내가 중요하게 생각하는 가치

내가 좋아하는 내 사진

내가 남길 영상은   .   .   (날짜)에 녹화할 예정이고,

메시지는 이곳에 적는다

반드시 초대해야 할 사람(소식이 닿지 않을 시 연락할 수 있는 번호)

나를 소개할 때 써주었으면 하는 단어나 표현

스스로 가장 자랑스러웠던 일은?

나를 웃게 만드는 것은 무엇인가?

내가 좋아하는 색깔은 무엇인가?

내가 좋아하는 음악은 무엇인가? (혹은 음악보다는 침묵을 바라는가?)

내 인생에서 가장 중요하게 생각한 목표는 무엇인가?

내 인생에서 가장 소중했던 경험은 무엇인가?

나와 가장 가까운 사람들은 누구인가?

죽음 이후, 나는?

죽음 이후의 세상에 대해 그다지 많이 (혹은 전혀) 알지 못하기 때문에 두려워하는 사람들이 많다. 무엇이 펼쳐질지도 모르는 상황에서 마음을 편안히 하기란 쉽지 않다. 위대한 미지의 세상? 완벽한 어둠? 악몽? 아름다운 꿈? 친구나 가족과의 재회? 가장 아름다운 천국의 세계? 실제로 몇몇 종교에서는 우리가 상상하는 대로 펼쳐질 것이라고 말하기도 한다. 어쩌면 우리가 꿈꾸는 대로 흘러갈지도 모를 일이다.

내 경우에는 몇 가지 선택지가 있다고 생각하는 편이 도움이 되었다. 내게 선택권이 주어진다면 어떨까? 나는 포플러나무가 되는 것도 나쁘지 않을 것 같다. 그리고 사람들의 육체적 고통을 줄여주고, 통증을 저 멀리 사라지게 만드는 역할로 돌아오고 싶다. 기본적으로 나는 인간이 통증을 덜 느끼도록 돕고 싶다. 하지만 만약 내게 그럴 권한이 없다면, 작가들과 평생을 함께하며 보내고 싶다. 그리고 내 아이들이 죽은 후에 함께하고 싶다.

당신이 선택할 수 있다면 어떤 사후 세계를 고르겠는가?

가장 위대한 사랑의 편지

나는 글쓰기를 배우는 학생들에게 죽기 전에 글로 남기고 싶은 것들이 무엇인지 목록을 작성하라고 말한다. "반드시 마치고 싶은 프로젝트가 무엇인가?"를 묻는 것이다. 가령 글쓰기 수업을 듣는 사람들은 소설이나 가족에 대한 에세이, 연인을 주제로 한 시를 꼽을 때가 많다.

하지만 여기서는 질문의 성격이 조금 다르다. 당신이 죽기 전에 남겨야 할 것들에는 유언장 등도 있겠지만, 그것 말고 정말 잊은 것은 없을까? 내 글쓰기 목록 1순위는 항상 변함없다. 바로 '가장 위대한 사랑의 편지'이다. 내 아이들 혹은 내 자신에게, 아니면 내가 사랑하는 남자에게 진솔한 사랑을 담은 편지이다. 나는 2,3년에 한 번씩 이런 편지를 쓴다. 당신도 한번 시도해보길 바란다!

수신인은 누구인가?

편지의 핵심 내용은 무엇인가?

서두를 어떻게 시작할 것인가?

내 삶을 통틀어, 혹은 죽음을 앞둔 지금, 반드시 고마움을 전해야 할 이는 누구인가?

내 인생에서 잊지 못할 순간을 선사해준 사람은 누구인가? 어떤 순간이었으며, 이들에게 어떻게 감사함을 전할 수 있을까?

인생 차트 만들기

당신의 인생을 차트로 표현해보자. 당신의 삶에서 최고점에 이르렀던 순간과 최저점을 기록한 시기를 되짚어보자. 큰 의미가 있었던 해와 무난했던 해를 각각 되돌아볼 수 있는 계기도 될 것이다. 잠시나마 (혹은 오랫동안) 좋은 시간을 보낼 수 있었음에 감사하고, 힘들었던 시절에 찾아온 분노와 슬픔에 대해서도 생각해본다. 그리고 그 시간들을 통해 무엇을 배웠는지 되새기는 시간을 가져보자.

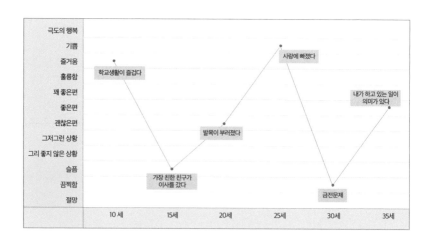

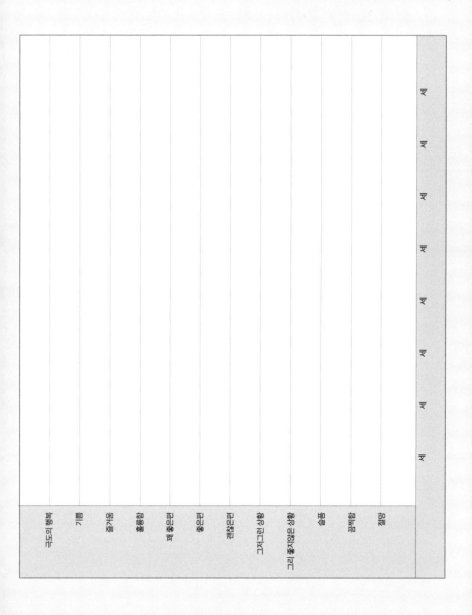

극도의 행복 | 기쁨 | 즐거움 | 충만함 | 꽤 좋은 편 | 좋은 편 | 괜찮은 편 | 그저 그런 상황 | 그리 좋지 않은 상황 | 슬픔 | 끔찍함 | 절망

세 | 세 | 세 | 세 | 세 | 세 | 세 | 세

죽음 준비 지금부터 시작해야 한다

삶의 요약판 묘비명 적기

아버지가 돌아가셨을 때 엄마는 노숙인 쉼터 내 예배당 설립에 돈을 기부했다. 본인이 생각하는 최선의 추모 방식이었다. 엄마의 종교적 믿음에도 부합했고, 아버지를 기리는 가장 좋은 방법이라고도 생각했다. 엄마는 우리에게도 돈을 기부하길 바랐지만 나는 머뭇거릴 수밖에 없었다. 아버지의 묘비는 종교적 색채가 짙었고, 예배당이 종교적인 거야 당연했지만, 내가 경험한 종교란 내 삶을 파괴하는 무언가였으니까. 더욱이, 나는 아버지가 종교적인 사람이라고 생각해본 적이 단 한 번도 없었다.

나는 내 방식대로 아버지를 추모하고 싶었다. 고민 끝에 목수를 고용해 콜로라도 산림지역을 가득 메운, 재선충병에 감염된 소나무로 벤치를 제작하기로 했다. 우리 집 목장의 개척자 공동묘지가(앞서 말했던 해골, 토마스가 발견된 곳) 내려다보이는 장소에 설치했다. 아버지의 이름과 출생 및 사망 일자를 기록하는 것은 쉬웠지만, 아버지란 인물을 표현할 만한 짧은 글을 떠올리는 데는 몇 달이 걸렸다. 결국 나는 '빛나는 눈, 따뜻한 영혼, 사랑받던 아버지'라고 새겼다.

묘비명 작성에 유용한 팁

묘비명은 어렵다! 아주 짧은 문장으로 한 인간의 삶을 요약해야 하고, 또 진심을 담아 표현해야 하기 때문이다. 죽은 자를 향한 산 자의 사랑이 드러나야 하는 것은 물론, 고인과 관계없는 사람들도 공감할 수 있는 글을 써야 한다. 스트레스가 많은 작업이 아닐 수 없다! 죽음을 준비하는 과정이 으레 그렇듯, 묘비명을 생각하는 것 역시 쉬운 일이 아니지만, 자신의 것은 물론 타인의 묘비명을 작성할 때 고려해야 하는 사항을 어느 정도 숙지한다면 한결 수월해질 것이다.

- 과유불급! 묘비명은 보통 짧고 간결하다. 군더더기를 없애라.
- 감정이 담뿍 담겨야 하지만, 감정에 젖는 것과 신파는 다른 이야기다.
- 시간을 갖는다. 묘비를 제작하는 사람들은 한결같이 너무 서두르지 말 것을 당부한다. 격해진 감정을 다스릴 만한 시간을 갖는 것이 좋다. 돌에 새긴 글은 쉬이 고칠 수 없으니까.
- 어조를 고려해야 한다. 묘비명은 보통 1인칭 시점으로 적을 때가 많다. 누구의 목소리로 말하고 싶은지 생각해봐야 한다. 다른 사람의 묘비명을 고민하고 있다면 고인의 어조를 고려해야 한다. 고인이 평

소에 유머러스하지 않았다면 농담을 섞는 것은 좋은 생각이 아니다. 종교적이지 않았다면 종교적 문구를 넣어선 안 된다. 생전에 시를 싫어했던 사람의 묘비명에 시를 적어선 안 된다.

- 청자는 누구인가? 누군가를 향해 직접적인 메시지를 담고 싶은지 생각해보길 바란다. 그 대상은 묘지를 방문하는 사람들일 수도 있고, 땅 속에 묻힌 고인이 될 수도 있다.

- 묘비명은 아주 사적인 영역이다. 다른 사람들의 말에 좌지우지되어선 안 된다. 서두를 필요도 없을뿐더러, 너무 오래 걸린다고 해서 죄책감을 느낄 일도 아니다.

당신의 벤치에 (혹은 비석이나 묘비 등 무엇이든 간에) 어떤 글을 남기고 싶은가?

내가 쓰는 나의 부고

누구나 해야 할 일인 것은 알지만 조금도 유쾌하지 않은 일이다. 부고 작성은 이력서를 작성하는 것과 비슷하다. 나는 이 과정을 즐거운 파티를 하듯 준비하고 싶었다. 내가 좋아하는 몇 가지 준비물들을 챙겼다. 와인, (부고 기사를 참고할 요량으로) 각 지역에서 발행되는 신문 몇 부, 괜찮은 음식, 그리고 또 와인. 이래야만 끝낼 수 있을 것 같았다.

사실 내가 이렇게 부고 작성을 해둬야겠다고 생각한 건 동갑내기 친구 한 명이 갑자기 세상을 떠났기 때문이다. 슬픔에 잠식된 그의 파트너는 내게 부고 기사를 부탁했다. 문제는 아주 짧은 시간 안에 정보를 수집하기가 어렵다는 것이었다. 기억이 잘 나지 않았다. 그가 어느 대학을 졸업했더라? 여자 형제는 몇 명이었지? 가장 힘들었던 것은, 그가 자신의 부고기사에 어떤 내용을 원했는지 도무지 알 수가 없다는 점이었다. 그의 삶을 글로 잘 담아내고 싶었지만 시간이 부족해서 마음이 너무 괴로웠다. 그때 나는 다른 누구에게도 이런 부담을 지우지 않겠다고 결심했다.

누구에게 무엇을 남길 것인가

당신이 소중하게 여기는 물건은 무엇이고, 그것을 누가 받게 될지 생각해보자. 그리고 두 눈을 감고 이 사람들이 당신의 유품을 전달받는 모습을 그려보자. 이들이 당신을 떠올리는 모습을 상상하며 함께 미소지어 보자.

누구에게 무엇을 남길 것인가

	소지품	수령인
1		
2		
3		
4		
5		
6		
7		

스스로 영원한 안식처를 만듭니다

지난 10년 간 한 번이라도 미국 서부지역을 다녀와본 사람이면 삼림이 파괴되고 있다는 것을 알 것이다. 현재 수많은 소나무가 푸른빛을 잃고 오렌지색으로 바래 죽어가고 있는데, 특정 딱정벌레가 소나무 내부로 파고들어가 나무를 공격해 '재선충 피해목'이 된 탓이다. 삼림 일부 지역이 흉측하게 변해가고 있고, 피해목을 끝도 없이 불로 태우는 상황이 계속되고 있을 만큼 심각하지만, 일단 지금 여기서 다룰 이야기는 아니다. 이 재앙이 빚어낸 작은 행복 하나는 딱정벌레 피해목이 굉장히 아름답다는 것이다. 죽은 나무를 잘라 대패질을 하면 딱정벌레로 피해를 입은 부위가 회청색으로 변해 오묘한 색의 소나무 목재가 탄생한다.

근래 들어 목수들은 이 자재를 활용해 가구나 박스를 제작한다. 베네딕도회 수녀 두 분이 이 특정 나무자재로 관을 만든다는 이야기를 들은 적이 있다. 생명을 잃은 나무가 생명을 잃은 육체를 담는 데 쓰이다니 아름다운 역설이었다.

그 관을 직접 보고 싶었던 나는, 내가 사는 곳 북쪽의 와이오밍과 콜로라도 경계 지역, 베네딕도 수녀님들이 함께 생활하는 곳으로 차를 몰았다. 추운 겨울 날, 작업장 문 앞에서 나를 맞이한 마리아 요세파 수녀님과 마리아 요한나 수녀님은 내게 제작 중인 관을 보여주셨다. 정작 내 시선을 끈 건 관보다는 두 수녀님의 모습이었다. 그분들의 얼굴에는 환한 미소가 가득했다. 하지만 그보다 두 사람의 복장에서 묘한 이질감이 느껴졌다. 푸른색 베일 위로 스키 모자를, 수녀복 위로 낡은 플리스 재킷과 패딩 조끼를 덧입고 그 아래로 하이킹 부츠가 언뜻 드러났다. 필리핀인이자 수녀인 사람들이 백팩커처럼 입은 모습이 무언가 잘못된 것 같은 기분이 들었다. 하지만 두 분은 콜로라도 북쪽 산등성이에 위치한 베네딕도회 수도원에 소속된 수녀로 행복하게 수도원 생활을 하고 계시는 분들이 맞았다.

"관은 한 달에 하나밖에 만들지 못해요." 멍하게 서 있던 나는 한 수녀님의 목소리에 정신이 들었다. "우리는 이케아가 아니니까요!" 이 농담 하나로 두 분은 한바탕 웃음을 터뜨렸다. 이렇게 추운 날에도 행복을 느끼는 듯 보였다.

"빨리 만들 수가 없어서요."

"아, 예전에 한번 밤을 꼬박 새웠을 때가 있었지만요!"

이 말을 끝으로 다시금 눈물이 날 정도로 크게 웃었다. "그래요! 고인의 아드님이 전화해서 '아직도 안 말랐습니까?' 물었어요. 나무 칠한 거요."

"우리는 완전 아마추어거든요." 또 다른 수녀 한 분이 말했다. "목공 본드를 엄청 많이 써야 하죠!"

또 한 번 웃음이 터졌다.

두 분이 보여준 관은 딱정벌레가 남긴 오묘한 색감과 나무로 된 손잡이까지 한눈에 봐도 아름다웠다.

제작 중인 관을 함께 바라보며 한 수녀님이 조금 진지한 목소리로 말했다. "우리는 죽음에 대해 항상 생각합니다. 성 베네딕도의 수도 규칙서에 나오기도 하죠." 성 베네딕도는 '매일 죽음을 눈앞에 두라'는 가르침을 전했다고 설명했다. 조금 더 현실적인 이유를 들자면, 두 수녀님은 슬픔에 빠진 유가족에게 합리적인 가격의 관을 제공하고 싶다는 마음도 갖고 계셨다. 작년엔 여섯 개의 관을 판매했다. 그 정도 수량이 두 분에겐 적당했다.

두 분은 제작 중인 딱정벌레 피해목 외에도 일반 소나무로 만든 관을 보여주셨다. 톱과 대패를 보여주었고, 나무판이 매끄럽게 연결된 것과 실수로 망친 것, 둥근 톱과 조이너, 절단기, 끌을 보여주었다. "나사 등 물품은 라포트 철물점에서 구매하고, 그 외 자잘한 물건들은 주변 상점에서 구매해요."

작업장 밖에는 갑자기 해가 모습을 드러내며 붉은 빛의 절벽이 환하게 빛났다. 이곳, 성 발브루가 수도원^{The Abbey of St. Walburga}은 규모가 작은 공동체로, 소, 벌, 라마, 닭 등을 함께 키우며 생활한다. 수녀들은 미사를 드리고, 방문하는 신자들을 돌본다. 이들의 하루는 죽음에 대한 기도를 올리고 성가를 부르는 것으로 채워졌다. 그리고, 관을 제작하기도 한다.

적어도 이 두 분은 그랬다.

수녀님들이 자꾸 웃음보를 터뜨리자 대형견 사이먼이 궁금한 듯 다가왔다. 말처럼 몸집이 큰 사이먼은 체구가 작은 두 사람의 가슴께에 닿았다. 두 사람은 콜로라도의 수도원에 오기 전 캐나다에서 간호사 생활을 했다고 말했다.

"예전에는 환자를 돌봤지만 지금은 망자를 돌볼 뿐이죠." 한 수녀님의 말로 다시금 두 분의 웃음보가 터졌다. 시끄러운 톱질 중에도 작업장에 함께할 수 있도록 사이먼에게 귀마개를 씌웠고, 영리한 사이먼은 두 사람이 작업할 때는 멀찍이 떨어져 있다고 설명했다.

마지막으로 관 제작의 최후 공정을 보여주셨다. 바로 성 베네딕도의 메달을 관 위에 올리는 작업이었다. 성 베네딕도는 평온하고 거룩한 죽음을 수호하는 성인이었다.

관이 필요하지 않더라도, 종교적인 성향이 없다 하더라도 (스투파처럼) 이 수도원은 한번쯤 방문해볼 만한 멋진 장소이다. 수녀원장님은 수도원에서 항상 시편 기도를 올린다고 설명하며, 누구든 수도원을 방문할 수 있다고 전했다. "시편은 특정 종교를 초월하는 힘을 지녔거든요."

스스로를 영적이나 종교적이지 않다고 보는 사람으로서 수도원의 열린 태도가 따뜻하게 다가왔고, 이곳의 역사에서 품격이 느껴졌다. 성 발브루가 수도원이 독일에서 설립되던 1935년, 세 명의 수녀가 모원을 떠나 나치 정권을 피해 은신하는 수녀를 위해 콜로라도 주의 볼더에 수도원을 세웠다. 수녀들은 농작물 경지가 불가능하다고 판명된 땅을 수도사들에게서 아주 저렴한 가격에 사들였다. 이들은 불모지를 비옥한 농장으로 바꾸었을 뿐 아니라, 이후 점점 규모가 커져 부지를 확장하기에 이르렀다.

5년여에 걸친 계획과 논의, 준비 과정을 거친 끝에 1997년, 수도원은 덴버의 한 사업가가 기증한 땅으로 이전하게 되었다. 이것이 현재 콜로라도 주의 버지니아 데일이었다. 현재는 스물한 명의 수녀가 함께 생활하고 있다. 수녀원장의 말에 따르면 요즘 들어 수도원에 대한 관심이 크게 증가하고 있다고 한다. 올해만 해도 벌써 몇 명의 여성이 신앙생활을 굳건히 하기 위해 이 수도원에 들어왔다. "요즘 많은 사람들이 찾아오고 있어요. 무척 기쁩니다."

함께 관을 바라보던 중 마리아 요세파 수녀는 수녀에게도 휴가가 주어진다고 설명했지만 그렇다고 해서 수도원을 떠나는 것은 아니었다. 다만 휴가 동안에는 정해진 일과를 따르지 않아도 된다고 했다. 직계 가족의 장례 외에는 그 어떤 이유로도 수도원을 떠날 수 없다(한 수녀님의 경우 여동생의 결혼식에 참석할 수 없어 여동생이 수도원에서 결혼식을 치렀다고 했다). 한마디로 수도원 생활은 아무나 할 수 있는 것이 아니었다. 나는 결코 할 수 없는 일이었다. "이곳 수도원의 수녀로서의 삶은 굉장한 열정을 필요로 하는 일입니다." 원장 수녀님의 말이었다. "자신이 온 마음을 다해 원해야 해요. 대단하고도 아름다운 헌신이죠."

관을 만드는 것이 수도원의 일상에 추가되었다. 목수였던 이웃이 수녀들에게 도구를 다루는 법을 알려주었고, 목공 일을 하던 한 사제는 자신이 쓰던 절단기와 여러 물품을 남겨주었다. 작업할 공간이 없었던 수녀들은 창고를 개조해 작업장으로 바꾸었다. 여전히 공간이 부족해 완성한 관은 작업장 한편에 보관한다. 두 분은 창고 내부의 2층 다락을 낸 곳으로 나를 데려가 우유통과 운동 기구 옆에 완성된 관 하나를 자랑스럽게 보여주었다. 관 내부에는 새틴이 깔려 있었다. "보랏빛 새틴이 가능한지 문의한 분이 계셨어요. 분홍만 아니라면 가능하다고 대답했죠!" 이렇게 말했다. 완성된 관은 무척이나 아름다워

나조차도 욕심이 날 정도였다. 이 이야기를 전하자, 두 수녀님은 웃으며 이렇게 대꾸했다. "아직 치수도 재지 못했는 걸요!"

이렇듯 웃음으로 빚어진 안식처를 원하지 않을 사람이 있을까? 게다가 두 수녀님은 자신이 속한 수도원의 가르침을 받들어 죽음에 품위를 더해준다. "육체는 신성하기 때문에 성스러운 안식처가 필요해요. 화려할 필요는 없습니다." 원장수녀님의 설명은 행복한 죽음을 수호하는 성 베네딕도의 가르침을 떠올리게 했다. 원장수녀님이 말하는 '행복한 죽음'이란 마음이 평안에 이르는 것이었다. "두려움을 가져선 안 됩니다. 때문에 우리는 평생 동안 매일같이 죽음을 마주하려고 하는 것이지요. 우리 자신의 죽음을 그릴 줄 알아야 합니다. 우리가 하는 모든 일들이 우리 자신의 죽음에 영향을 끼칩니다. 죽음은 곧 진실이 드러나는 순간이니까요. 우리가 사랑하는 그 분을 만나는 순간이죠. 행복한 일입니다!"

관을 만드는 두 수녀님이 유난히 행복한 분들인 걸까? 이들은 그저 이 공동체의 한 모습을 대변할 뿐이다. "이 수도원은 항상 기쁨이 넘쳐흐르는 곳입니다." 원장 수녀님이 말했다. "모든 수녀님들의 얼굴에서 볼 수 있죠. 기쁨은 전염성이 강해요. 항상 과장된 행복을 드러내 보이진 않지만, 적어도 우리의 마음은 그러합니다."

이곳 사람들의 믿음을 함께할 수는 없었지만, 이 수도원, 수녀님들,

3부

276

그리고 그들이 만드는 관이 순수하고 지혜로우며 선한 무언가를 담고 있다는 것만은 부정할 수 없었다. 두 수녀님이 운전하는 트럭을 타고 농장을 돌아본 뒤 내 차가 있는 곳으로 이동하는 중에 든 생각이었다. 이제 그 분들은 다시 바쁜 일상 속으로, 나는 집으로 돌아갈 시간이었다. 나는 마지막으로 두 분을 돌아보며 미소 지었다. 그저 내가 이상하게 느꼈던 것인지도 모르지만, 다운재킷을 입고 라마에게 건초를 먹이며 관에 쓰일 목재에 대해 말하는 수녀의 모습은 낯설었다. 죽음만큼 낯설고도 아름다운 모습이었다.

친환경 장례를 생각하다

매년, 사후처리된 시체를 매장하는 과정에서 발암물질로 알려진 포름알데히드가 올림픽 수영장 여덟 곳을 채울 만큼 방대한 양이 땅속으로 버려진다. 관과 함께 땅 속에 묻히는 철은 무려 9만 톤이 넘는다. 땅 속에 묻히는 목재 관의 경우 삼림 160억 평방미터에 해당하는 양이다. 굉장히 많은 나무가 희생되는 것이다!

환경 친화적인 죽음에 대해 생각해본 적이 있는가? '나무 주머니tree pods(주머니는 미생물에 의해 자연분해되고, 이 과정에서 우리의 몸은 말 그대로 나무의 거름으로 변한다)'부터 '산호초(유해로 인공 산호초를 만들어 바다생물의 서식지가 된다)'까지 다양한 친환경 장례법이 생겨나고 있다. 환경 친화적으로 우리의 마지막 여정을 장식하는 방법 가운데 내가 가장 좋아하는 몇 가지를 아래에 소개한다.

- 화장. 전문가들도 매장보다는 화장이 환경에는 훨씬 이롭다고 말한다. 그러나 (불이 아닌) 알칼리 가수분해 방식으로 시신을 용해하는

장례도 고려해볼 수 있다. 이 경우 온실가스 배출량이 35퍼센트 저감된다(이 장례법은 현재 미국 내 몇 개 주에서만 합법으로 인정받았다).

- 산호초. 유해로 산호초를 만들 수 있다. '이터널 리프^{Eternal Reefs}'라는 회사에서는 화장을 마친 유해를 인공 산호초로 제작해 현재 심각하게 파괴되고 있는 산호초 대신 해양 생물의 서식지로 재탄생시킨다.

- 멋진 관. 기존의 관을 대신해 고리버들, 양모, 마분지가 좋은 대체재로 활용되고 있고, 요즘은 바나나 잎, 대나무로까지 확대되고 있다. 최고급 목재 관을 제작할 때 자주 사용되는 마호가니는 멸종 위기에 처한 열대 우림 지역의 나무로 친환경과는 가장 거리가 먼 선택이다. 지금 이 책을 읽고 있는, 책을 사랑하는 사람이라면 관심 가질 만한 소식이 있다. 볼더 외곽에 위치한 네이처스 캐스켓^{Nature's Casket}에서는 병충해 피해를 입은 소나무를 사용해 수제로 관을 제작하는데, 관으로 쓰이기 전에는 책꽂이로 사용할 수 있도록 설계되었다. 혹은 앞에 나온 수녀원 이야기처럼 직접 관을 제작하는 것도 생각해볼 수 있다.

- 흙으로 돌아가자. 카트리나 스페이드가 기획한 '어반 데스 프로젝트^{Urban Death Project}'라는 것이 있다. 시신을 퇴비로 만드는 과정을 거친 후 토양 조성 물질인 미생물로 분해되어 주변 농지와 정원에 쓰이기

때문에 사람들은 말 그대로 자신이 살았던 도시의 일부로 남게 된다. 30일가량 소요되는 과정이다. 스페이드는 이런 장례법에 거부감을 갖는 사람들이 있다는 것을 잘 알고 있다고 밝혔지만, 글쎄, 만약 도시에 살고 있다면 한번쯤 고려해볼 만한 선택지가 아닐까 싶다.

• 에드워드 애비^{Edward Abbey}(7,80년 대 환경운동의 선두주자로, 죽기 전 지인들에게 사막 바위틈에 자신을 묻어달라고 요청했고, 그의 바람대로 장례가 치러졌다-옮긴이) 스타일. 나는 내 시신이 동물과 날씨에 의해 완전히 분해되길 바란다. 매가 내 내장을 헤집는 것도 꽤 괜찮을 것 같다. 이런 장례는 불법이지만, 환경을 위해 글을 써온 위대한 작가이자 온갖 일반적이지 않은 일을 앞장서서 해온 에드워드 애비는 해냈다!

• 꽃을 없앤 장례식. 고인에게 꽃을 선사하는 따뜻한 마음은 높이 사지만, 그만큼 자연은 훼손된다. 장례식에 꽃을 장식하는 대신, 그 비용으로 당신이 직접 고른 환경 단체에 기부를 하는 것도 좋은 방법이 될 수 있다. 혹은 나무를 한 그루 심는 방법도 있다. 아니면 나무 아래 유골을 묻는 수목장은 어떨까.

나의 관 그리고 친환경 장례식에 대한 아이디어 노트

선행 한 가지

살아오면서 크고 작은 선행을 수없이 해왔을 테니, 잠시 동안 자신이 한 선행을 떠올려보는 시간을 갖도록 하자. 우선 두 눈을 감고 스스로에게 고맙다는 인사를 하길 바란다. 그리고 이 세상을 떠나기 전 꼭 하고 싶은 선행 한 가지를 생각해본다. 아래에 적어본 후, 반드시 그 일을 직접 행하길 바란다.

나의 자랑스러운 선행

내가 실천했던 자랑스러운 선행들

죽기 전에 꼭 실천하고 싶은 선행

현실적인 혹은 의료적인 계획들

이제 마지막으로 우리가 고려해야 할 현실적인 측면에 대해 살펴볼 예정이다. 현실적인 준비는 정서적 준비와 그리 다를 것이 없을 뿐 아니라, 실상 아주 밀접하게 연관되어 있다. 유산 상속, 장기 기증, 연명치료 중단 여부 등 현실적인 문제는 결국 우리의 신념과 가치, 윤리의 연정선상에 있기 때문이다. 그럼에도 법적 혹은 현실적으로 정리해 놓아야 할 일들은 있기 마련이다.

시작하기에 앞서, 훗날 스스로 의사 표현을 할 수 없는 거지같은 상황에 놓일 수 있다는 점을 유념하자. 물론 변호사와 상담해야 하지만, 기본적으로는 아래의 내용을 고려해야 한다.

- 유언장. 자산을 분배하고 향후 재산 처리 방향을 명시한 문서이다. 인터넷상에서도 쉽게 유언장 양식을 찾아볼 수 있지만, 제대로 작성하려면 일정한 형식을 갖춰야 하고, 증인이 되어줄 사람과 함께 공증을 받아야만 효력이 발생한다. 자녀가 있는 경우, 유언장에 후견

인을 지정하여 명시한다.

- 사전연명의료의향서. 의사결정을 내릴 수 없는 상황이 닥쳤을 때, 이 문서를 바탕으로 타인이 대신 결정 및 지시를 내릴 수 있는 권한을 갖게 된다. 자기 자신을 위해서도 중요한 문서이지만, 우리가 어떤 치료까지를 바랄지 고민하느라 힘든 시간을 보내게 될 사랑하는 사람에게도 커다란 도움이 된다. 사전연명의료의향서에 포함될 가장 기본적인 사항은 두 가지가 있다.

  ① 의료 대리인 선정^{Medical Durable Power Of Attorney}(MDPOA)을 통해 본인을 대신할 누군가를 (2차, 3차 대리인을 함께) 지정한다. 당사자와의 충분한 대화를 통해 당신이 직접 의향서에 지정해놓은 대리인은 필요한 순간 당신의 입장과 목소리를 대변해줄 것이다.

  ② 사전 의료 지시서를 통해 어느 선까지의 치료와 처치를 원하는지 구체적으로 명시할 수 있다. 구체적일수록 좋다. DNR(심폐소생술 거부), DNI(기도삽관 거부)에 대한 내용을 포함한다.

- 위임장. 자신을 대신해 자산을 관리할 대리인을 지정하는 문서이다. 액자 뒤에 숨겨놓은 비상금까지도 대리인에게 정확히 공지해야 한다. 소아암과 싸우는 아이들에게 전달될 수도 있는 돈이 쓰레기통에 버려진다면 얼마나 통탄할 일인가! 계좌와 은행의 대여금고 등 자산 관련 목록을 작성해 대리인에게 전달해야 한다. 몇몇 주에서는 의료

결정 위임장^{Health Care Proxy}(HCP)에 자산 항목을 포함시켜 작성하기도 한다.

자산 규모에 따라 변호사를 선임할 필요가 없을 수도 있다. ('이런, 점심 먹을 시간도 없는데 의사와 변호사까지 만나야 한다니!'라는 생각으로 부담감을 느껴 문서를 준비하지 않은 사람들이 태반일 거라고 생각한다.) 하지만 아무것도 준비하지 않는 것보다 뭐라도 하는 편이 낫다. 가족이 처한 상황이나 자산 내역이 복잡하다면 법률 상담을 받아야 하겠지만, 대부분의 경우 우선 인터넷에서 구할 수 있는 서류로 시작해도 큰 문제가 없을 것이다. 법적으로는 수기로 작성된 문서라면 그 형식과 관계없이 우선적으로 고려되고 있다.

이 책을 누구에게 전해줄 것인가?

누가 이 책을 보관할 것인가?

누구에게 전달되어야 하는가?

내가 해냈어요,
리처드 시몬스

내 죽음 준비에서 서류 작업을 가장 마지막으로 미뤄두었다. 만약 데드라인이 있었다면, 마지막 순간까지 미루고 또 미뤘을 거다. '이 책의 마감일을 코앞에 두고 위선자처럼 굴어선 안 돼! 준비해야 할 문서들을 모두 정리하자!'고 생각했지만, 몇 가지 문제가 있었다. ①내 뇌에 돌연변이 세포가 있는 것처럼 나는 이상할 정도로 공식 문서나 업무를 싫어하고, ②이리저리 다니면서 일을 처리하는 것도 싫고, ③서류 작업을 마치겠다고 마음먹은 주에 차가 고장 나고, 아이들 학기가 시작되었으며, 강아지에게 벼룩이 생겼다. 다시 말해 삶이 정신없이 몰아치고 있었다.

처음으로 건강에 문제가 생겼을때, 비공식적으로 서류 작업을 하긴 했지만, 심적 압박이 커 제대로 작성하지 못했다. 따라서 반드시 평소에 문서를, 특히나 사전연명의료의향서를 작성해야 한다.

나는 행동을 개시했다. 우선 죽음에 대한 생각 자체를 꺼리는 여동생에게 전화를 했다. 동생은 너무 바쁘게 살아가느라 죽음을 준비할 시간이 없었다. 그 중 하나가 주스 만들기였다. 동생은 건강과 활력을 위해 비트와 파프리카, 생강을 재료로 훌륭한 주스를 만든다. 동생의 집에 가는 것이 좋은 이유는, 건강해진 기분을 느끼게 해줄 뿐 아니라 무병장수의 확률이 무척이나 높아질 것 같은 이 주스를 매번 마실 수 있기 때문이다.

힘든 일을 함께해주는 사람이 있으면 한결 수월해진다. 게다가 동생은 내게 점심도 얻어먹은 입장이라 내 말을 따라야만 했다. 무엇보다 내가 의식이 없을 때 나 대신 동생이 '대리인'으로서 중요한 의료 결정을 해주길 바라는 마음이었다. 동생을 대리인으로 삼은 데는 이유가 있었다. 사이가 좋기도 했고, 나보다 오래 살 확률이 높았으며, 가족인 이상 나와 인연이 끊어질 위험이 없고, 죽음에 대한 철학은 나와 무척 달랐지만, 가장 중요한 것은 동생이라면 내가 원하는 것을 존중하고 따라줄 거란 믿음이 있었다는 것이다.

또한 나와 반대 의견을 가진 사람과 함께 서류를 준비하는 과정이 더욱 재밌을 것 같기도 했다. 몇 년 전 동생과 함께 라디오 프로그램 '스토리 코어Story Corps' 출연한 적이 있다. 그때 아버지의 죽음에 대한 인터뷰를 하며, 우리 두 사람이 생애 말기 치료를 두고 상당히 다른 의견을 갖고 있다는 것을 생방송 중에 깨달았다. 나는 아버지가 조금 더 일찍 돌아가시길 바랐다고 말했다. 다시 한번 솔직히 말해, 아버지의 삶의 질이 현저하게 낮아졌을 뿐 아니라 우리의 삶도 흔들리고 있었으니까. 물론 아버지를 죽이고 싶었다는 뜻은 전혀 아니지만, 아버지가 자연의 섭리를 따르길 바랐다. 반면 동생은 호스피스 간호사가 더 이상은 환자에게 물을 먹이지 말라고 한 이후로도 꽤 오랫동안 아버지에게 물을 한 모금이라도 먹이려고 애썼다. 동생은 그 어떤 경우에도 죽는 것보다 살아 있는 것이 낫다고 믿었고, 생명을 단축하는 행위를 선의로 보지 않았다. 아버지의 본심을 누가 알 수 있겠는가. 동생은 아버지가 더 오래 머무르길 바랐고, 몇 년이든 요양원에 계신 아버지를 기쁜 마음으로 방문했을 거라고 인터뷰에서 밝혔다. 생애 말기 치료에 대한 상반된 두 의견 모두 타당하고, 존중받아야 한다. 내가 잘못된 것도 아니고 동생이 잘못된 것도 아니다.

우리는 연명 치료에 대해서도 의견이 갈렸다. 동생은 내가 '그냥 죽게 내버려 둬' 하는 사람이라는 것도 알았고, 나는 동생이 가능한 한 최후의 순간까지 살고 싶어 한다는 것을 알고 있었다. "나는 죽기 직전까지 이어폰으로 NPR 라디오 뉴스를 들을 거야. 언니는 세상이 궁금하지 않아?"

간단히 말해, 동생은 이 작업을 함께할 완벽한 파트너였다.

나는 온라인에서 '콜로라도 주 사전연명의료의향서'라고 적힌 양식을 두 장 출력해 동생을 점심식사에 초대했다. 의료 대리인을 선정하는 과정에서 우리는 굉장히 오랜 시간 논의를 거듭했다. 막상 생각해보면 아무나에게 맡길 수 없는 자리이다. 힘든 결정을 내릴 줄 알아야 하고, 본인의 욕심이 아닌 환자의 뜻을 우선적으로 존중해야 하며, 그 책임도 기꺼이 감내할 줄 알아야 하고, 그 모든 과정에서 트라우마를 입지 않을 성격이어야 하고, 힘든 상황에서 직접 나서 궂은일을 할 줄 알아야 하는 사람이어야 한다. 결코 쉬운 자리가 아니다.

나는 대리인 란에 동생의 이름과 2차, 3차 대리인의 이름을 기입했다. 나는 이렇게 적었다.

나는 죽음을 피할 수 없는 인생의 일부로 받아들이고 자연스러운 흐름을 따르고자 합니다. 병세를 회복할 가능성이 높고 내 삶의 질이 높은 상태로 유지되고 있다면, 긍정적인 예후를 기대할 수 있고 뚜렷한 회복세를 보인다는 조건 아래 소생처치를 받겠습니다. 만약 ①지속 식물 상태이거나, ②부상이나 질환, 질병이 손을 쓸 수 없는 불치의 상태이거나, ③(가능성이 있다 해도) 좋은 예후를 기대하기 어려울 때는 생명 유지 장치를 제거하길 바랍니다.

여동생은 이렇게 적었다.

어떤 상황에서 죽음을 맞게 될지 전혀 알 수 없으므로, 나를 가장 잘 아는 큰 딸에게 내 삶의 질과 관련한 의사결정 일체를 위임합니다. 고통에 관해서라면 겁이 많은 편이므로(극도로 예민하므로) 육체적 통증, 메스꺼움, 불편함은 물론 극도의 지루함도 경험하고 싶지 않습니다. 나는 세상과 소통할 수 있는 상태이길 바라고, 만약 굉장한 통증에 시달리고 있지 않다면 NPR 혹은 지적 자극을 주는 오디오나 라디오를 들으며 기계 장치에 의존할 의향이 있습니다. 한편, 나 때문에 큰돈을 지출하는 일이 없길 바라고, 내가 죽음을 맞이하도록 두거나 혹은 내 평온한 죽음을 앞당기는 것에 대해 죄책감을 느끼는 사람이 없길 바랍니다. 행복하고 대체로 건강한 삶을 살았습니다. 모두 사랑합니다!

이후, 훨씬 구체적이고도 중요한 내용에도 체크를 해야 했다. 인공영양공급과 인공수액공급을 원하는지, 장기 기증을 원하는지, 응급 상황이 닥치면 누구에게 연락해야 하는지 등의 질문이었다. 곧이어 우리는 이 문서에 서명할 증인 두 명이 필요하다는 것을 깨달았고, 다행히도 이 책의 초고를 몇 번이나 읽어준 친한 친구 한 명이 근처에 살고 있다는 것을 기억해내고는 그녀의 집으로 향했다. 그녀와 그 남편은 기꺼이 우리의 서류에 서명을 해준 뒤 이렇게 말했다. "와! 멋진데! 오늘 하루 중 가장 흥미로운 일이었어!"

우리는 서류를 여러 장 복사했다. 한 장씩 우리 몫으로 갖고 있어야 했고, 병원에 제출할 것과 서로 교환해 보관할 것, 그리고 '2차, 3차 대리인'으로 지정한 사람들에게 전달할 서류와 더불어 물건을 곧잘 잃어버리는 성격이라 추가로 몇 장 더 여분을 만들어야 했다. 한 가지 명심해야 할 것은, 당신이 다른 곳에 있을 때 다른 누군가가 쉽게 찾아야 하는 서류이므로, 열쇠로 잠겨 있는 금고 등에 보관해서는 안 된다. 중요한 부분이다.

마지막 단계로 병원에 도착하자, 데스크에 앉아 있던 친절한 직원이 서류를 보고는 무척 반가운 얼굴을 했다. 서류를 내밀자 그녀는 눈썹을 위로 들어 올렸다. "와, 잘 하셨어요! 응급상황도 아닌데 벌써 다 마쳐 놓으셨군요!" 그녀는 이렇게 말했다. "그다지 좋은 타이밍이 아닐 때 작성하는 사람들이 얼마나 많은지 몰라요. 주변 사람들에게도 얼른 작성해서 병원에 제출해두라고 전해주세요!" 그런 이유로 우리도 미리 작성했다고 그녀에게 말했다.

그녀는 문서를 스캔해 의료 파일 안에 함께 보관하겠다고 약속했다. 나 대신 의사 결정을 내릴 대리인과 내게 소중한 원칙을 명시한 공식적인 서류 작업이 모두 끝났다. 수다를 떤 시간을 제외한다면 20분 정도밖에 걸리지 않는 일이었다. 일을 마치고 난 후에는 만족감이 상당했다.

병원을 나서자 비가 내려 어둡고 불길한 기운이 가득했지만 우리는 크게 웃었다. 그러고는 동생과 술을 마시러 갔다.

사전연명의료의향서는 가장 중요한 법률 서류이다. 이 서류 하나로 의료진의 치료 방향을 결정할 수는 없지만, 이는 중요한 논의의 시작점이자 준수해야 할 가이드가 되어줄 것이다.

아마도 가장 중요한 문제는 대리인 선택일 것이다. 내가 인터뷰했던 민디 리카드와 재닛 실리 박사, 이 당찬 성격의 두 여성은 나쁜 죽음을 너무나도 많이 목격한 나머지 '사전 치료 계획$^{Advanced\ Care}$ ^{Planning}'이라는 프로그램을 설립하기에 이르렀다. 나이든 사람, 젊은 사람 누구나 사전에 연명 치료 계획을 세우도록 독려하는 것이 이 프로그램의 취지다. 두 사람은 내게 연명 치료 결정은 골디락스(영국의 전래동화인 〈골디락스와 곰 세 마리〉에서 따온 것으로, 극단적이지 않은 적정한 중립을 유지한다는 의미로 확장되어 쓰이고 있다-옮긴이)와 비슷하다고 말했다. 당신이 병에 들자마자 생명 유지 장치를 제거하겠다고 나서는 사람도 있고, 또 누군가는 절대로 어떤 순간에도 당신을 보내지 않겠다고 할 수도 있다. 때문에 중립 지역에 머물고 있는,

혹은 양 극단의 두 사람이 의사 결정 과정에서 잘 섞이도록 할 수 있는 누군가를 대리인으로 지정해야 한다. 일반적으로는 자녀 혹은 부모가 위임받는 경우가 많다.

소아과의사를 퇴직한 후 남은 생애를 훌륭한 죽음 문화를 만드는 데 헌신했던 재닛에게 막상 대리인을 선정하는 과정에서 문제가 생겼다. 그녀의 하나뿐인 아들은 죽음에 대해 이야기하고 싶어 하지 않았다고 내게 털어놨다. 여느 아이들처럼 그녀의 아들도 엄마와 엄마의 죽음에 대해 이야기를 나누는 것이 힘겨웠던 탓이다. 아들은 계속 완강히 거부했다. 그러던 어느 해인가, 그녀는 아들에게 어머니의날 선물을 부탁했다. "한 시간만, 정말 중요한 문제에 대해 이야기를 나누자." 그녀의 아들은 수락할 수밖에 없었다. 어머니의날 선물이었으니까. 두 사람은 소풍을 가서 도시락을 먹고, 유언장 작성뿐 아니라, 그녀가 바라는 의료 처치 한도와 사전연명의료의향서 작성까지 모두 마쳤다. 그녀에게는 최고의 선물이었다.

아직 젊고 건강하며, 그래서 터무니없을 정도로 시기상조라고 여겨져도 사전연명의료의향서는 반드시 작성해야만 한다고 다시금 강조하고 싶다.

여력이 된다면 함께 고려해볼 만한 또 다른 서류가 하나 있다. MOST 양식, 즉 '치료범위를 지정하는 의료의향서Medical Orders for Scope of Treatment'이다. 본인이 어느 선까지의 의료적 처치를 원하는지 구체적으로 명시하는 서류이다. 이 양식의 경우 반드시 의료 종사자의 입회하에 작성해 서명을 받아야 하기 때문에, 나는 양식을 출력한 후 면담을 위해 의사와 예약을 잡았다. 이 양식은 중병에 걸리거나, 만성 질환, 불치병 환자를 위한 서류이다.

연명의료계획서^{Polst}라는 서식도 있지만, 나처럼 신체적 손상을 당한 후 심폐소생술로 회복될 확률이 높은 건강한 사람들에게는 해당되지 않는다. 때문에 나는 이 양식을 작성하지 않았지만 이런 양식이 있다는 것도 함께 알아두면 좋겠다. 나이가 들어 불치병을 앓고 있는 상태이거나, 심폐 소생으로 되살아나도 본인이 원하는 수준의 삶의 질이 약속되지 않는다고 생각될 때 필요한 서류가 바로 이것이다.

다섯 개의 D가 닥쳤을 때마다 서류를 업데이트해야 한다.

죽음^{Death}(대리인으로 지정한 사람이 죽었을 때)

건강 악화^{Decline in health}

이혼^{Divorce}

병의 진단^{Diagnosis}

10년마다^{Every Decade}

다 마치고 나니 법적, 형식적 서류를 처리하는 과정이 생각만큼 괴롭지 않았다. 차의 엔진오일을 교체하는 것보다 시간이 적게 드는 일이었다. 혹시나 고소를 당하게 될 상황을 피하고자, 한 가지 주의사항을 덧붙이려 한다. 이 책은 종합적인 법적, 의료적 가이드를 제시하는 도서가 아니다. 법과 의학을 다룬 전문적인 도서들은 시중에 많이 나와 있다. 이 책의 목적은 '죽음을 준비하는 한 평범한 여자가 다른 사람들도 죽음을 잘 맞이할 수 있도록 도움이 될 만한 내용을 공유하는 것'이다. 내 자신이 굉장한 사람인 양 포장할 생각은 없다. 나는 혼란 속에서 발버둥치는 평범한 괴짜일 뿐이다.

죽음 준비의 마침표를 찍고자, 마지막 단계로 인터넷 사이트 conversationproject.org에서 '가족과 생애 말기 치료에 대한 대화를 시작하는 방법The Conversation Starter Kit' 양식을 작성했고, 이 책의 공란을 채워 넣는 것으로 죽음 준비를 마쳤다. 모든 문서를 서류철에 정리한 후 '내가 죽으면'이라고 크게 적어놓고, 세 명의 사람에게 서류철의 위치를 공지했다.

내 머릿속에 머물던 리처드 시몬스에게 이렇게 외쳤다.

"해냈어요! 끝났다고요! 이제 좀 사라져요!"

그렇게 그는 떠났다.

아버지의 뇌가
주방 카운터 위에
놓여 있다

처음엔 토마스였지만 지금은 우리 아버지였다. 항상 주방 카운터에는 누군가의 머리가 놓여 있었다. 농담이 아니라, 아버지의 뇌를 부검했고, 그 결과 알츠하이머가 맞았다. 모두들 예상하고 있었지만 알츠하이머를 확진하기 위해서는 사후 뇌를 잘라 검사하는 과정을 반드시 거쳐야 한다. 이 형식적인 검사가 내게 중요했던 이유는 아버지가 앓았던 조기 발현형 알츠하이머(65세 미만에 발병하는 치매-옮긴이)는 유전 성향이 높은 치매 유형으로, 가족이라면 사전에 해당 검사를 고려해볼 수 있기 때문이었다. 이미 정해진 운명이라면, 주어진 결말을 앞두고 무언가를 준비할 수 있도록 검사를 받아봐야 했다.

아무튼, 엄마는 아버지의 시신 옆에 뇌를 묻어주기 위해 병원에 연락해 사후부검을 마친 뇌를 돌려받았다. 괴이한 일이었지만, 아버지에게 존경을 표하는 엄마 나름의 방식이었다는 것을 나는 알고 있었다. 아버지는 유전학 박사였고, 엄마는 생명학 분야의 석사 학위를 두 개나 갖고 있을 만큼 두 분 모두 과학에 대한 애정이 컸고, 지난 삶에서 두 분이 보여준 기괴함에 비춰보면 아버지의 뇌를 다시 묻어주겠다는 엄마의 생각은 그리 괴이한 일은 아니었다. 게다가 아버지는 나를 시카고의 과학박물관으로 데려가 유리병 안에 담긴 뇌를 처음으로 보여주었던 사람이기도 했다. 그러니 아버지 당신의 뇌가 병 안에 담겨 있다는 사실을 영광스럽게 여길 수도 있겠다는 생각이 들었다.

땅에 묻히기 전에 아버지의 뇌를 보려고 집을 방문했을 때 문득 내가 살면서 유독 죽음의 상징물을 자주 마주한다는 생각이 들었다. 해골, 비행기 잔해, 온갖 동물들의 사체, 그러다 이제는 아버지의 뇌까지. 마치 이 세상이 나에게 죽음에 집중해야 한다고, 죽음을 글로 쓰라고 말하는 것 같았다.

뇌는 내가 예상했던 모습이 아니었다. 뇌는 아이스크림이나 쿠키 반죽이 들어 있을 법한 커다란 플라스틱 통 안에 담겨 있었고, 엄마는 얇고 쭈글쭈글한 막을 하나 꺼내들더니 이렇게 말했다. "이게 뇌를 감싸고 있는 연뇌막이야."

주름진 연뇌막 아래 아버지의 뇌가 있었다. 뇌라기보단 잘린 뇌의 일부였다. 두껍고 두툼한 고깃덩어리 같은 모습의 뇌는 내가 예상했던 것보다 단단해 보였다. 너무도 놀란 나머지 내가 지금 보고 있는 것이 정확히 무엇인지 표현할 단어를 찾기 위해 나의 뇌가 분주하게 돌아가는 게 느껴질 정도였다. 거대한 버섯을 크고 두껍게 잘라놓은 거? 일반적인 말랑말랑한 종류 말고, 그것보다 드문 형태의 단단한 식감이 있는 그런 버섯? 하지만 동시에 '이런, 이러면 안 되지' 하는 생각이 들었다. "아빠, 안녕. 보고 싶어요." 이렇게 말했다. "잘 버티렴, 딸아." 아빠가 이렇게 말하는 것 같았다.

몇 달 후, 가족들이 묘지로 모여 아버지의 관 옆에 작은 구멍을 파고 뇌를 묻었다. 목장에 있는 것과는 달리 잘 다듬어진 잔디와 멋진 나무가 가득한 화려한 묘지였다. 나는 그런 곳에 묻히고 싶지 않았지만, 사람들이 왜 이런 묘지를 선호하는지는 이해가 갔다. 엄마가 땅을 너무 얕게 판 것 같다고 불만을 표했고, 묘지 사람들이 구덩이를 더 파내려가는 동안 우리는 우두커니 서서 기다렸다. 그 후, 뇌가 담긴 통을 묻고 그 위에 의미가 담긴 몇 가지 물건을 놓은 뒤, 마지막으로 그 위에 와인을 뿌렸다. 이상한 광경이었다.

고등학교 친구였던 묘지 관리인이 내게 다가와 인사를 하고 애도를 표한 후, 함께 지난날의 추억을 곱씹었다. 그는 내 쪽으로 몸을 기울이며 낮게 속삭였다. "지금껏 여기서 일하면서 너희 어머니 같은 분은 처음이야. 이런 장면을 보는 것도 처음이고."

당황한 나는 이렇게 말했다. "맞아. 삶이란 참 이상하지. 우리 엄마도 이상하고."

대화는 아버지에 대한 이야기로 이어졌다. 아버지는 차분한 성품이었지만, 역겹게 느껴지기까지 하는 소의 출산 과정을 돕기도 하고, 피와 지저분한 분비물이 난무하는 목장일도 무리없이 해내는 분이었으며, 항상 죽음에 적대적이지 않은 태도로 살아왔다고 그에게 말했다. 우리가 당신의 뇌를 연구했다는 것도, 다시 제자리로 돌려놓았다는 것도 좋아하셨을 것 같았다. 와인도 반기셨을 거다. 아버지의 뇌를 되돌려놓기 위해 정치도, 종교도 상극인 사람들이 한자리에 모였다는 것도 기뻐하셨을 것 같다. 사람에 따라 죽음에 대처하는 방식이 다르다는 것을 이해한다는 듯 친구는 고개를 끄덕였다.

나는 묘지를 둘러보며 크게 숨을 내뱉었다. 아버지를 땅에 묻었고, 죽음을 잘 맞이하는 법에 대한 책, 내가 '나의 굿바이 책^{My Goodbye Book}'이라고 부르던 이 책을 탈고한 상태였다. 법적, 의료적 서류도 모두 정리했다. 나 자신의 죽음에 대해 충분히 알고 있다는 생각이 들어 마음이 평화로웠다. 만반의 준비를 마쳤으니까.

묘지를 떠나기 전, 아버지 무덤 주변의 푸른 잔디를 바라보며 좋은 죽음이라는 목적지까지 쉬지 않고 길을 갈고 닦겠다고 다짐했다. 내 삶을 충실하게 살아가면서도 항상 죽음을 기억할 것이다. 문제가 생기기 전에 요양 센터에 입원하고, 소생 처치에 관해 합리적인 결정을 내리고, 법적인 그리고 개인적인 문서들을 지속적으로 업데이트하는 등 내가 할 수 있는 선에서 실질적인 노력도 계속 할 것이다.

내 몸이 하는 말에 귀를 기울이고, 우아하게 죽음을 맞이하고, 좋은 선례를 남기고, 장수와 병치레에 관한 새로운 기준을 제시하는 것이 내가 죽음을 앞두고 바라는 것이다. 나는 매일같이 실제처럼 내 마지막 순간을 연습할 것이다.

내가 바라는 대로 될까? 확신할 수는 없다.

나는 여전히 부정하고 싶을 때가 있다. 가끔씩 두려움이 찾아오고, 죽음을 생각하면 여전히 슬프다. 나이가 들수록 혹은 죽음이 가까워질수록 이런 감정들은 더욱 강하게 나를 흔들 것이다. 그렇지 않다고 하면 거짓말이다. 하지만 내게는 삶에서 반드시 벌어지게 될 단 하나의 일, 바로 죽음을 준비하고, 죽음을 부정하며 살지 않을 의무가 있다. 그 의무를 충실히 따른 덕분에 당당하고 자신감 넘치는 모습으로 이 책의 최종본을 쏟아내릴 수 있었다.

한 가지 분명한 것은, 용기를 잃을 때마다 나는 두 눈을 감고 딸의 반짝이는 푸른 눈을, 아들의 미소를, 이 아이들과 삶을 잘 산다는 의미가 무엇인지에 대해 나누었던 대화를 떠올릴 것이다. 내 죽음 만트라를 외울 것이다. 책 속 질문에 대한 나의 답변을 정리해 둔 일기장을 펼칠 것이다. 복숭아의 맛을 떠올릴 것이다. 노래 'Here Comes the Sun'을 들을 것이다. 내가 마지막으로 남길 유언을 곱씹을 것이다. 그리하면, 내게 필요한 용기를 얻을 수 있으리라 믿는다.

우리에게는 생애 말기 치료 결정과 케어에 대한 윤리적 의무가 있고, 이 문제에 관해서만은 주도적인 태도로 필요한 만큼의 충분한 정보를 갖고 있어야 한다는 나의 소신을 지켜나갈 것이다. 또한 이 땅에서 새로운 대화의 물꼬가 열릴 거라는 믿음을 잃지 않을 것이고, 죽음을 다룬 이 책을 전국 곳곳의 슈퍼마켓에서 찾아볼 수 있는 날이 올 거라는 기대를 놓지 않을 것이다. 시리얼을 사러 들어가서는 죽음에 대한 책도 한 권 툭 카트 안으로 던지는 그 날을! 죽음에 씌워진 오명을 벗기고, '자연사' 혹은 '잘 죽는 법'과 같은 단어들을 자연스럽게 쓸 수 있는 새로운 문화가 자리 잡길 바란다. 무엇보다, 많은 사람들이 자신이 생각하는 '좋은 죽음'을 맞이하길 간절히 기원한다.

이런 변화에 동참해준 당신에게 감사 인사를 전하고 싶다. 삶 그리고 죽음에 대해 고마움을 느끼고 아름다운 가치를 찾아가는 쉽지 않은 일을 해냈다. 이 책을 읽으며, 아마도 의식적인 죽음, 준비된 죽음에 대해 한번쯤 생각해 봤으리라. 이 책이 당신에게 가장 좋은 죽음이란 무엇인지 고민해볼 수 있는 계기가 되었길 바란다.

죽음 준비에 함께해주어서 고마운 마음이다. 앞으로 행복한 여정이 펼쳐지길 바란다! 삶은 날카롭게 벼르고, 죽음은 무디게 갈아내길. 삶과 죽음은 결국 하나이다. 다른 무엇보다, 삶의 가장 큰 수수께끼에 답을 해야 할 그 순간에 당신에게 평온함이 깃들기를 기원한다. 당신의 삶이 충만하길, 당신의 마지막 여정에는 사랑과 빛이 가득하길.

죽음을 상상하고 연습한다는 것

후회하지 않을 삶을 살기 위한 것